蒙特利尔的银色月光 / Montreal's Sliver Moonlight

滕新华朗诵诗选

蒙特利尔的银色月光

滕新华 著

Acer Books

蒙特利尔的银色月光（红枫诗歌丛书之一）
作者：滕新华
封面摄影：子健
出版：Acer Books

书号：978-1-0688485-8-2
定价 15 美元

红枫诗歌丛书
主编：陶志健

Montreal's Sliver Moonlight (Acer Poetry 1)
Author: Teng Xinhua
Cover Photo: Zijian
Publisher: Acer Books

ISBN: 978-1-0688485-8-2

Acer Poetry (Series)
Editor-in-Chief: Tao Zhijian

Acer Books Canada, International Humanities Publishers, Montreal, Canada
E-mail: acerbookscanada@gmail.com

Copyright © 2025 Acer Books

All rights reserved. No part of this book may be reproduced or used in any manner without the prior written permission of the copyright owner, except for the use of brief quotations in critical articles and book reviews.

内容提要

这是一本独具特色的朗诵诗选。

在这本书里,你将读到 29 首朗诵诗,认识 26 位朗读者,你会发现她或他各不相同,每位都有自己独特的人生奏鸣曲,但又有着共同的性格特征,那就是对朗诵这一高雅艺术执着地热爱和追求。

这本朗诵诗选的编排理念新颖独特,与众不同。在每一首朗诵诗后面都跟着一位朗读者,不但有她或他的简介,还有靓女帅哥们的美照,仿佛一幅幅美丽的画图。

这本朗诵诗选内容丰厚,形式多样,有长诗,有短歌,有组诗,有叙事诗,有化妆朗诵,有分角色朗诵,调动一切表现手段反映五彩缤纷的现实生活。

这本书内容厚重,有生活牧歌,爱情短笛,有对祖国的祝福,故土的思念,以及对百年前海外华人英勇献身加拿大建设的崇敬与礼赞。

这本书编选了一组评论文章,深入浅出地介绍了诗歌朗诵的技巧与方法,揭示了朗诵诗的艺术规律与写作特征。在滕新华点评诵友版块中,对众多朗诵者逐一介绍,娓娓道来,如数家珍,仿佛一众朗诵者微笑着从我们眼前依次闪过,就像一组长长的摇镜头,从中不难看出作者对年轻一代朗读者的挚爱,赞美,期许和深情。

蒙特利尔的银色月光

作者简介

滕新华,中国儿童戏剧研究会会员,早年在表演艺术团体从事专业戏剧创作,现为加拿大英才学院文学顾问,蒙特利尔银色月光朗诵会会长。出版和上演音乐剧《鸟儿审判会》,花儿剧《月亮山》,六幕歌剧《苦难情侣》,歌曲《月光下的思念》等五百余首。出版散文集《小作家·大作家·老作家》,《红灯区的脱衣舞厅》,长篇小说《黑色的花朵》,执导电视音乐风光片《歌的河流》,评论《歌词姓歌》在中国词坛引发论争。音乐剧《鸟儿审判会》,抒情歌曲《红旗颂》,《边疆的春天》等多次在国家、省、市获奖,在宁夏银川市人民政府表彰作家艺术家活动中荣立一等功。

致敬诗人与朗诵者

陆蔚青

滕新华老师又要出新书了。在他在蒙特利尔的岁月中，在继长篇小说《黑色的花朵》和散文集《红灯区的脱衣舞厅》之后，这次的书是一本诗选，《滕新华朗诵诗选：蒙特利尔的银色月光》。

滕新华老师是一个永远不老的诗人，无论何时何地，只要一提到艺术，他就充满激情。他创立的"蒙特利尔银色月光朗诵团"已有数年，在这个温暖的团体里，滕老师培养出了大批的文艺人才。滕老师是专业出身，谙熟话剧台词，朗诵和表演。开始时很多朗诵者是没有经验和基础的，很多人都只是喜欢表演，但没有专业训练，在滕老师颇有成效的指导下，他们进步飞快，形成了一个富有感召力的，具有专业水平的艺术团体。这个团体鲜活生动，热情阳光，充满生命力，极大丰富了蒙特利尔华人社区的文化活动。他们的表演优美洒脱，各有特点，让观众耳目一新，刮目相看。

在此期间，滕老师在发现演员的嗓音特点，帮助演员找到最佳状态，帮助演员理解和感受诗歌的内涵，蕴意，特点上，从段落，句子，字词入手，细致讲授，掰开揉碎的分析，付出了大量的工作。对所有朗诵者，他都不厌其烦地指导，他尤其擅长鼓励。你看他是多么热情和细心，他说近年来安妮的朗诵有些"疯"，而这正是引导诵读走

III

向高潮的诱发剂。人常说演员是疯子，导演是骗子，观众是傻子，听起来纯属一派胡言，细想确有道理。没有演员的"疯"，哪来大段的激情表演和台词，没有导演的"骗"，何来声，光，景，替身，借位，情绪记忆，声音化妆——而观众不"傻"，该哭不哭，该笑不笑，还常常混淆生活真实与艺术真实，较真，诘问，这也不合理，那也不真实——

在谈到诵读者的特点时，他逐一进行分析，说曾红善于"抢"，她第一时间抢到的一篇散文，于是我们便听到了那梳人灵魂的诵读。鱼燕善于选诗，她慧眼识珠，运用拟人的表达方式，使用第二人称，与第一人称的我共同展开叙述，敞开心扉，深情诉说。陈鹃尤喜阅读与写作，她写新诗也写古诗，孜孜不倦，博采众长。东玫性格开朗，热爱生活，朗诵自成风格，成功的借鉴声乐的气声唱法，如诉如歌，自成一格。王燕，歌者，舞者，诵者，好人。淑敏常说自己是在花园里劳作的农民，但在精神层面上，她是一位不断攀登艺术高峰的勇者。等等。滕老师对每个朗诵者都充满热情和鼓励，这是人与人之间最好的互动，最美的风景。

当然，滕老师还是一个诗人。他的诗充满激情。诗歌的大家庭分类众多，抒情诗，叙事诗，哲理诗，行吟诗各占一隅，而朗诵诗是最为大众和流行的类别，它是诗歌与大众连接最强的纽带。朗诵以声音塑形，塑造人物，描述故事，激发热情，将纸上的二维诗歌变成了立体艺术。在这样的艺术中，诗歌的音韵美，形式美，节奏美，都要由朗诵者呈现出来，这是一个看似容易，其实要深厚功力的艺术。滕老师的诗歌就具有这样的特点，他的诗节奏清晰，朗朗上口，有故事，抒情性强。比如《加拿大姑娘》《华人的歌声》《你的名字》充满了热情的讴歌。他歌颂美好的生活，歌颂自由的生活，而在这种抒情中，充满了真率的热情和爱恋。他的诗擅长节奏和韵律的重叠，有歌词一样的美感，也非常适合朗诵者调动情感。这是滕新华诗歌的特点，也是朗诵诗的特点。《风雪玫瑰》就是这样一首诗。

> 他想让爱开满人间
> 春天永驻大爱无疆
> 情侣们爱到地老天荒
> 孩子欢笑老人安康
>
> 他想让美丽战胜病毒
> 把新冠赶出地球村
> 永远铲除灾难和死亡
> 没有眼泪也没有悲伤
>
> 他想鲜花取代大炮
> 五大洲理应互相握手
> 四大洋一定热情拥抱
> 和平的天空鸽哨嘹亮

感谢滕新华老师多年的创作与实践。他不仅创造出了自己的作品，还将更多的诗歌搬上舞台。无论是充满变数的移民生活，还是新冠时期的封城与禁足，都没有让他与银色月光艺术团停下追求艺术的脚步。他们将朗诵从实体舞台搬到网上舞台，从最初的表演集结成一本书。滕老师的这本书是一场银色月光朗诵者的盛会,也是蒙特利尔华人文艺活动的一段历史记录。我想这就是此书的意义所在。

感谢滕新华老师在蒙特利尔掀起的朗诵者风暴,致敬诗人与朗诵者,愿诗人和朗诵者永远年轻。

2024-12-16 于蒙特利尔

陆蔚青,加拿大华语作家。现居蒙特利尔。作品广泛发表于中国和北美文学期刊。刊发于《芙蓉》《山花》《湖南文学》《湘江文艺》《广州文艺》《香港文学》等文学期刊,并被《小说选刊》《中篇小说选刊》《中华文学选刊》《北京文学-中篇小说月报》《台港文学选刊》等转载。曾获第一届全球华文散文大赛三等奖,第二届全球华文散文大赛二等奖,第五届中国都市小说双年展优秀奖等。出版小说集《纽曼街往事》《漂泊中的温柔》,散文集《曾经有过的好时光》,长篇童话小说《帕皮昂的道路》,诗集

《魁北克玫瑰》，诗词集《洗笔·流年》，作品入选《2020海外华语小说年展》《离岸芳华—海外短篇小说选》《2021海外华语年度小说》《海外华文作家精选作品集》《2024海外华语年度小说》等多种选本。

自序
我为什么编这本朗诵诗选

一本滕新华朗诵诗选《蒙特利尔的银色月光》站在我的书架上,静静地向我微笑着。

那么,我为什么编这本朗诵诗选呢?众所周知,朗诵诗作为高雅艺术,是夜莺和玫瑰,也是匕首和投枪。在那民族危亡的日子里,热血沸腾的爱国青年和抗战将士,在街头,在广场,在校园,在军营,含泪诵读着战斗的诗篇,投身民族解放的抗日最前线。民主斗士闻一多,以诵读诗作抒发壮志与豪情,被恒久地定格在岁月的画页上。苏联作家高尔基,在群众集会上倾情朗诵自己的诗作《海燕》,热情呼唤革命风暴的到来。而当暴风雨过后,在那阳光灿烂的日子里,朗诵诗是夜莺和玫瑰,讴歌民族的解放,国家的新生,人民的欢笑,生活的多彩。人们诵读着贺敬之,郭小川,柯岩,陆蔚青的诗行,赞美如画的江山和多情的土地,致敬火红的年代和沸腾的生活,大森林的灯火,三门峡的涛声,雪夜的告别,少男少女花儿一般的爱情……

时间走过了历史,走过苍茫的北美大地,定格在艺术之都蒙特利尔。她,拥有一批优秀的诗人,也拥有一批热情的朗诵发烧友。但是从来没有一座艺术之桥将二者连接起来,既向朗诵者推介诗人诗作,又使发烧友们有诗作可供朗读,从而将朗诵这一高雅艺术历史性地开展起来。这,是个问题。

自序 我为什么编这本朗诵诗选

值得庆幸地是,这座艺术之桥出现了,它就是蒙特利尔银色月光朗诵会。该会属于群众性文艺演出团队,通过创作和演出朗诵作品形成鲜明的艺术特色,从而填补了蒙城朗诵活动的空白,开创了群众文化生活领域的五个第一次。

第一次举办大型诗歌专场朗诵会,包括《七天》作者陆蔚青诗歌朗诵会,《七天》诗人作品朗诵会,作家路遥诗文朗诵会,《月亮颂》诗歌朗诵会,戏剧经典进校园朗诵会,渴望春天诗歌朗诵会(线上演出),抗疫进行曲朗诵会,众志成城我们必胜诗歌朗诵会等。

第一次将十首系列原创朗诵作品以美篇形式集中展现。

第一次将一部原创长篇小说《黑色的花朵》制作成32集小说连播,并成功登顶喜马拉雅。

第一次将散文集《红灯区的脱衣舞厅》制作成62集散文连播,并再次受到喜马拉雅听众的欢迎。以及渴望春天31集,抗疫进行曲11集,众志成城我们必胜22集。以上共6个专辑,168集。

第一次通过音乐与朗诵嫁接的形式诠释多部音乐经典,包括苏联歌曲《海港之夜》,《妈妈要我出嫁》等。

回首银色月光朗诵会的成长之旅,细数它多年来在朗诵道路上每一个前行的脚印,不难发现它不仅积累了一大批朗诵作品,同时还造就了众多朗诵演员。这些可敬可爱的文艺老中青年们,崇尚艺术,放飞自我,他们勤奋学习,努力实践,朗诵技巧取得了跨越式提升,成为蒙城朗诵舞台上的佼佼者，丰富了民众的精神文化生活。

就这样，既有了朗诵诗，又有了朗读者，将这些诗与人编成一本朗诵诗选，让它成为加拿大多元文化长河中的一滴水珠一朵浪花，让银色月光朗诵会为繁荣和发展蒙城群众文化活动和朗诵艺术作出贡献！

目录

内容提要 I
作者简介 II
陆蔚青序言：致敬诗人与朗诵者 III
自序：我为什么编这本朗诵诗选 VIII

蒙特利尔的银色月光

华人的歌声 - 安妮朗诵 2
西江的雨 - 王燕朗诵 5
写给我的旅伴 - 庞淑敏朗诵 7
故乡的小河 - 张玲玲朗诵 9
中文学校校歌 - 林和鸣朗诵 11
老年人圆舞曲 - 张宁朗诵 13
支持我们看中的人 - 鱼燕朗诵 15
有这样一个地方 - 小雨人朗诵 18
同学聚会 - 庞淑敏朗诵 21
作者与主编 - 蔡敏芳朗诵 25
月光下的思念 - 张立红朗诵 28
我爱山东好地方 - 车培君朗诵 31
风雪玫瑰 - 王燕朗诵 34
等着我 - 鱼燕、胡新朗诵 37
有爱的地方就有家 - 林和鸣朗诵 41
你的名字 - 李利朗诵 43

XI

爱情短笛

- 爱人 恋人 情人 - 云中君朗诵 49
- 我把大西洋哭干 - 刘晓晋朗诵 54
- 不要走 - 魏晶朗诵 56
- 歌者与诗人 - 赵国柱朗诵 58
- 鲜红的枸杞 - 蒙特小微朗诵 60
- 自画像 - 周丽朗诵 62

加拿大组诗五首

- 有这样一个地方 - 窗外朗诵 65
- 蒙特利尔进行曲 - 袁晓静朗诵 68
- 蓝色的劳伦斯河(化妆朗诵) - 贾明、曾红朗诵 71
- 血染的道钉 - 张立红朗诵 74
- 再见吧,我的加拿大姑娘(分角色朗诵) - 张宁、朱九如、胡小华、魏晶、林和鸣朗诵 77

滕新华谈朗诵诗

- 请你写首朗诵诗 - 李利朗诵 82
- 咱们说说诗朗诵 - 安妮朗诵 84
- 一曲关于英雄的赞歌 - 周丽朗诵 87
- 朗诵诗《重逢》赏析 - 庞淑敏朗诵 91
- 展开联想和想象高飞的翅膀 - 安妮朗诵 94

滕新华点评诵友:鱼燕,王燕,周丽,窗外,魏晶,安妮,曾红,贾明,李利,庞淑敏,袁晓静,张立红,张玲玲,蔡敏芳,车培君,郝金玉,朱九如 97

后记 132

蒙特利尔的银色月光

华人的歌声
- 安妮朗诵

凡有太阳的地方就有华人,
凡有华人的地方就有歌声,
江南的小桥流水,
塞北的巍巍长城,
西部的边关明月,
东海的大浪奔腾,
如诗如画的锦绣中华,
都在我们的歌声中!

凡有月亮的地方就有华人,
凡有华人的地方就有歌声,
西北汉子的安塞腰鼓,
江南妹子的采茶歌声,
牛背上的牧童短笛,
丝绸之路的叮咚驼玲,
多姿多彩的音画交响,
都在我们的歌声中!

蒙特利尔的银色月光

凡有星光的地方就有华人,
凡有华人的地方就有歌声,
诗词歌赋博大精深,
琴棋书画异彩纷呈,
唐装汉服赏心悦目,
旗袍文化风情万种,
中华的瑰宝古老的文明,
都在我们的歌声中!

啊,飞吧,华人的歌声,
飞遍天涯海角五湖四海,
承载着我们衷心的祝福,
承载着我们大海般的深情!

安妮,旅加华人,热爱文学音乐戏剧表演艺术,在朗诵,戏曲,歌曲,主持,舞蹈,腰鼓,话剧等等各个领域的舞台上散发着自己的光和热,不断培养和提高个人的表演能力及艺术修养,并从中收获友情,丰富生活,提高品位,实践学习!愿以艺会友,共同追梦!我们可以体验到更多种可能、更丰富的选择、更宽广的生活!

西江的雨
－ 王燕朗诵

西江的雨，神奇的雨，
飘飘洒洒，淅淅沥沥，
绿了青山，绿了碧水，
红了桃李，黄了金桔。
啊，西江雨是一滴滴蜜，
香透每一寸深情的土地！

西江的雨，多情的雨，
滴滴点点，点点滴滴，
醉了青山，醉了碧水，
醉了红男，醉了绿女。
啊，西江雨是一滴滴酒，
醉倒每一个痴情的儿女！

　　王燕，出生在山青水秀的贵州，人也如同故乡风景般的靓丽。曾经的警花，如今成长为热衷于阅读、朗诵、舞蹈、歌唱的艺术之花。几多汗水几多收获，走过时间走过岁月，十年来，王燕的朗诵取得了长足的进步，跨越式的发展。

写给我的旅伴
－ 庞淑敏朗诵

你的窗外是海上的星光,
我的窗外是坡上的月光,
你在咀嚼我诗行的悠扬,
我在回味你咖啡的清香,
你凝望着我苍老的容颜,
我捕捉着你秀丽的形象。
啊,莫道我们相见恨晚,
我已把你深深的祝福,
装进我那沉沉的行囊!

你的前面是明丽的朝霞,
我的前面是如血的残阳,
你在编就青春的花环,
我在欣赏昔日的时光,
你的使命是寒窗前的苦读,
我的宿命是到远方去流浪。
啊,莫道我们缘份短短,

我已把你长长的思念，
写进我那长长的诗行！

庞淑敏，昔日的美女警官，今日的美丽舞者，一位活跃在蒙城文艺舞台上的文艺女青年。她集歌者、舞者、诵者于一身，多才多艺，拥抱生活。

故乡的小河
－ 张玲玲朗诵

怀抱着迷人的五彩梦想，
我去过世界上许多地方，
踏遍了异国的大江大河，
饱览了诗画般绮丽的风光，
我迷恋塞纳河黄昏的晚霞，
我欣赏多瑙河梦幻的波光，
我陶醉尼罗河少女的桨声，
我聆听伏尔加河纤夫的歌唱。
啊，世界上的大河多姿多彩，
吸引我东方少年赞叹的目光！

世界上最难忘故乡的小河，
它常常在我的梦中流淌，
河水像涌动的碧绿翡翠，
青山像蓝宝石晶莹闪光，
弯弯的金月亮挂上柳梢，
悠扬的相思曲轻轻回荡，

少男和少女相约黄昏后,
幸福的歌声情满故乡。
啊,世界上的大河千般万般好,
比不上故乡的小河千年万年水流长!

张玲玲,北京军队大院里长大,当过兵,上过大学,在中科院工作过。移民加拿大后,历任魁北克北京同乡会会长等职,并结识了一帮志同道合的文艺老中青年,一起唱歌,跳舞,朗诵,摄影,旅游,公益,使每一天都活得充实,浪漫,精彩!

中文学校校歌
— 林和鸣朗诵

雪化了,河开了,
天晴了,雁来了,
各族裔伙伴们快呀快,
美丽的校园敞开胸怀。
创业的宝典实在精彩,
知识的风帆等你升起来,
劳动的技能光荣又豪迈,
智慧的花朵开呀开不败。
啊……
走进来的是希望的身影,
走出去的是时代的英才!

山青了,水绿了,
花红了,春来了,
各族裔学友们多幸福,
校园里文化瑰宝添异彩。
吟一首唐诗宋词情满怀,

奏一曲牧童短笛响天外，

画一幅边关明月抒豪情，

舞一支嫦娥奔月泪满腮。

啊……

枫叶之国的中文学校，

洒向人间都是情都是爱！

林和鸣，湖南潇湘电影制片厂专业化妆师，移民加国后，成为蒙特利尔梦之声合唱团、华商会艺术团演员。林和鸣属于复合型艺术人才，她博采众长，艺不压身，除歌唱和舞蹈外，对越剧，粤剧，花鼓戏也多有涉猎。她的文化生活丰富多彩，如诗如画，业余时间常与朋友们参加唱歌班，排演折子戏，打军鼓，模特走秀，既娱乐了大众，也陶醉了自己！

老年人圆舞曲

- 张宁朗诵

我们有过壮丽的青春,
我们有过光荣的梦想,
我们有过火红的年华,
我们有过金色的希望,
在那宏伟建设的蓝图上,
我们的汗水闪闪发光!

我们曾经美如鲜花,
吸引过多少赞叹的目光,
我们曾经英俊潇洒,
一个个都是时代的儿郎,
在那逝去的岁月里,
我们是一片明媚的春光!

今天我们白发苍苍,
挡不住歌声更加嘹亮,
今天我们青春不再,

生命的意志更加坚强，
在那片火红的晚霞里，
我们是一轮温暖的夕阳！

张宁，中华文化艺术世界之窗蒙特利尔分会会长，加拿大魁北克山东同乡会会长，CCSA加拿大华人联合总会常务理事，蒙特利尔银色月光朗诵会男高音歌唱演员。多次成功策划组织各种文艺演出及公益活动，在苏联音乐短剧《海港之夜》中出演俄罗斯水兵，在郭沫若著名话剧《屈原》中朗诵经典片断《雷电颂》，激情澎湃，感人至深，令人过耳不忘。

支持我们看中的人
- 鱼燕朗诵

打上领带，
穿上西装，
把胡子刮光，
把皮鞋擦亮。
迈开坚定的步伐，
走进庄严的会场，
投出我们神圣的一票，
表达我们美好的愿望！

凡有太阳的地方，
就有我们华人，
凡有华人的地方，
就有勤劳，智慧，善良。
凝聚，等于坚强，
团结，就是力量！
众手浇灌幸福的花朵，
迎来花红柳绿满园春光！

支持我们看中的人，
就是支持自己，
支持我们看中的人，
就是支持明天的日子！
让我们签约和谐，
让我们定格安宁，
让东西方文化相互握手，
让各族裔兄弟彼此沟通，
为了第二故乡银色的月光，
为了孩子们欢乐的笑声！

亲爱的同胞，
尊敬的朋友，
请把你手中神圣的一票，
投给我们看中的人，
投给明天！

蒙特利尔的银色月光

鱼燕，生于旖旎江南，长在天府之国，现旅居素有"北美小巴黎"之称的加拿大蒙特利尔，供职于专业护肤品公司 20 年。热爱文学和朗诵，热衷于用法文、英文和中文朗读文学经典

有这样一个地方
－ 小雨人朗诵

有这样一个地方,
这里的女士美丽端庄,
这里的男士风流倜傥,
这里的青年书声朗朗,
这里的老人笑容慈祥。

有这样一个地方,
你来自风光秀丽的江南,
我来自白雪飘飘的塞上,
他来自西部大漠的古都,
她来自太阳升起的地方。
不管我们来自哪里,
我们的心间都耸立着黄山长城,
我们的血液中都流淌着黄河长江,
我们的魂灵里都有中国梦的伟大理想!

有这样一个地方,
大家都有共同的向往,

文学，是我们的追求，
艺术，是我们的梦想，
美好的旋律奏响我们生命的乐章，
澎湃的诗情召唤我们扬帆远航，
弘扬中华文化，传承华夏文明，
为中加文化交流架设桥梁。
亲爱的朋友们，
快举起你的鹅毛管，
快把你的芦笛吹响，
快快敲击你的字盘，
让它跳出美丽的诗行。
让我们乘着歌声的翅膀，
歌颂安宁，歌颂和谐，
歌颂创造，歌颂梦想，
歌颂爱情，歌颂友谊，
歌颂快乐，歌颂健康，
歌颂伟大的祖国繁荣昌盛，
歌颂亲爱的家乡发达兴旺！

啊……这个地方，
就在我们的心中，
她就是，加拿大，

蒙特利尔，蓝月亮组合，
我们心中最温暖的地方！

小雨人，毕业于康考迪亚大学大众传媒系，曾任蒙城中心广播电台主持人，电视台特邀主持人。曾为美国NBA职业篮球队中国巡回表演赛、多家跨国公司会议担任同声传译。多次在中加两国发表文学作品，诗作入选首届法拉盛诗歌节作品选，并被选作颁奖典礼朗诵作品。

同学聚会

－ 庞淑敏朗诵

疯狂的流行音乐，
噪动的不夜城，
高厦和广告侵占了，
耶和华圣洁的领空。
十里长街流动着红色的链条，
酒店广告眨动着美女的眼睛，
停车场上密集着奥迪桑塔那，
仿佛一排排黑色的甲虫。
同学聚会？有没有搞错？
正是此处！百分百肯定！

琼浆玉液在餐桌上奔流，
人头马遇上了伏特加，
茅台酒问候着白兰地，
百年老窖也不算稀奇。
精致的名片飞来飞去，
那是身份和地位的象征，
跨国公司的董事长，

名牌企业的总经理,
著名作家风流诗人,
运动健将演艺明星,
为什么缺席了农人和工匠?
这个世界实在是有失公平!

眼前飘来一个熟悉的身影,
诱人的朱唇,含笑的眼睛,
花样的旗袍,五寸的高领,
红色高跟支撑起婀娜的曲线,
长统丝袜燃烧着渴望的眼睛!
她引我走下拥挤的舞池,
不顾舒伯特,李斯特,莫扎特,
只贪婪莺声燕语脉脉含情!

时间的镜头开始回放,
感恩记忆的蒙太奇,
远景,近景,特写,
最终定格在同桌的你,
那时的你质朴无华,
仿佛一朵淡雅的小花,
洗得发白的衣衫,

一头飘逸的长发,
眼神如同胆怯的小鹿,
脸上写满无助和孤独,
她从小失去了父爱,
跟着母亲相依为命,
日子过得十分清苦,
没有单车,相机和手表,
有一次递给我一张字条,
向我借五毛钱食堂饭票!
再后来母亲改嫁到他乡,
我们含泪告别天各一方!

别了,远去的岁月,
别了,昔日的光景,
眼望面前同桌的你,
泪水在我脸上纵横,
我愿回到那久远的年代,
纯结,朴实,美丽,真诚,
于是便逃离了同学聚会,
愿那淡雅的小花永存心中,
我站在酒店门前回眸远望,
一个孤单的身影贮立在夜色中!

庞淑敏，昔日的美女警官，今日的美丽舞者，一位活跃在蒙城文艺舞台上的文艺女青年。她集歌者、舞者、诵者于一身，多才多艺，拥抱生活。

作者与主编
– 蔡敏芳朗诵

敲了一夜字盘,
天亮后给主编投稿。

印象中的主编,
是叼着烟斗的闻一多,
是神色凝重的张贤亮,
是不苟言笑的流沙河。

但这回主编是位女性,
容颜秀丽,妩媚年轻,
她的头像仿佛一块磁石,
牢牢地抓住了你的眼睛。

漂亮的女人脾气都大,
而她就像温暖的月光,
从稿子谈到诗歌朗诵,
从加拿大的劳伦斯河,
谈到富士山下的樱花,

我们居然忘记了时差，
太阳和月亮开始对话。

长得好看，脾气又很好，
那必定是政绩平平淡淡，
可是什么叫有眼不识泰山？
一本刊物打了我的脸：
原来她是一位著名诗人，
还身兼数家报刊的主编，
肩上扛着众多的社会职务，
让美丽、善良、才华、事业，
同时在一个女人身上完美呈现！

这是一段难忘的经历，
社会在进步，时代在发展，
女性的光辉照亮了生活，
但愿你也同我一样好运，
遇到一位优秀的女主编！

蔡敏芳：我来加拿大多年了，从生疏到热爱这片土地。有了自己的家业，孩子们也学业有成，由衷的感到幸福快樂！我喜歡文艺，唱歌，跳舞，詩歌朗誦都是我的爱好，这让生活充滿了陽光。

月光下的思念
－ 张立红朗诵

那是很久很久以前，
在那遥远的大西北，
在月光下的黄河边，
一群年轻的文工团员，
脸上还带着油彩，
跟煤哥哥们一起，
饱含晶莹的泪珠，
观看了一部难忘的影片。

故事很精彩，
但是很无奈，
在贺兰山的星空下，
作家路遥向我们走来。

你向我们走来，
披着大漠的明月，
迎着贺兰的轻风，
唱着黄土地的信天游，

带着一脸疲惫的笑容,
带着百万字的巨著:
《平凡的世界》,
带着你的创作精神:
像土地一样奉献,
像黄牛一样劳动!
用你宗教般的意志,
用你初恋般的热情,
用你人格的风范,
用你宝贵的生命,
讴歌生你养你的黄土地,
礼赞千万普通的劳动者,
创造生活付出的艰辛!

月上柳梢头,人约黄昏后,
当年那群年轻的文工团员,
重聚贺兰山下,黄河岸边,
在如水的月光下,
在清冷的泪光里,
倾诉他们遥远的思念!

张立红，出生于内蒙古呼伦贝尔大草原，生长在大兴安岭，曾工作在美丽的滨海城市大连。现旅居加拿大。草原的宽广，山的巍峨，海的无边，铸就了乐观向上的性格和宽容坦荡的胸怀。热爱生活，喜欢探索新事物。虽为工科女，也追求诗和远方。喜欢阅读，热衷朗诵，也涉猎唱歌和跳舞。健康生活方式的倡导者。过快乐的生活，同时也给他人带来快乐。愿生活充满阳光和绚丽的色彩。

我爱山东好地方
- 车培君朗诵

正月里来雪打灯，
春节序曲乐声悠扬，
我们一群远离故乡的海外游子，
眼里含着晶莹的泪花，
把我们亲爱的大山东纵情歌唱，
风儿轻，月儿圆，
歌儿甜，心儿暖，
日思夜想的大山东，
永驻我们的心间。

我爱山东好地方，
我们来自故乡的四面八方，
你来自泉城济南，
我来自风筝之都潍坊，
他们来自海滨名城：
青岛，烟台，日照，威海……
她来自伟大的思想家教育家：

孔子的故乡。
不管我们来自哪里,
我们的心间都耸立着黄山长城,
我们的血液中都流淌着黄河长江,
我们的魂灵里都有中国梦的伟大理想!

我爱山东好地方,
爱你经济发展,社会进步,
人杰地灵,人才辈出。
你有悠久的历史,
你有灿烂的文化,
你有杰出的思想家,文学家,歌唱家。
凡有太阳的地方就有华人,
凡有华人的地方就有孔子的思想,
圣人的思想光照千秋,
召唤着中华儿女,
继往开来,扬帆远航,
弘扬中华文化,
传承华夏文明,
为世界文化增光添彩,
让民族复兴的旗帜高高飘扬,
祝愿我们的大山东大繁荣大发展,

祝福伟大的祖国繁荣富强!

我在大洋的这边,
你在大洋的那边,
我日思夜想的可爱家乡,
我久久思念的至爱亲朋,
你可听见我的心儿在歌唱:
我爱山东好地方,
我爱山东好地方,
我爱山东好地方!

车培君,女,2013年从中国吉林移居加拿大,喜欢唱歌,跳舞,诗朗诵,曾经参加过合唱团和诗歌朗诵会。

风雪玫瑰

- 王燕朗诵

那是一个冬天的夜晚,
没有星光也没有月光,
天空悬挂着黑色的夜幕,
大朵的雪花在风中飘荡。

一个少年在黑夜里穿行,
冰雪裹满湿透的衣裳,
他跌了一跤又一跤,
出了剧场进了教堂。

他把那些用过的鲜花,
装满自己硕大的背包,
又抱起一大把火红的玫瑰,
一次次走进风雪走进黑夜。

他用一束束芬芳的花朵,
装饰一扇扇大门和窗口,
于是家家户户的门前,

绽放着鲜花醉人的芳香。

他想让爱开满人间,
春天永驻大爱无疆,
情侣们爱到天荒地老,
孩子欢笑老人安康。

他想让美丽战胜病毒,
把"新冠"赶出地球村,
永远铲除灾难和死亡,
没有眼泪也没有悲伤。

他想鲜花应该取代大炮,
五大洲理应相互握手,
四大洋一定热情拥抱,
和平的天空鸽哨嘹亮。

就这样,他走过一家又一家,
让梦想和鲜花一起开放,
突然,他跌倒在冰雪中,
灵魂和生命升上爱的天堂!

这是一个美丽的故事,
如今已经插上了翅膀,
飞过山山水水家家户户,
在人们心间展翅翱翔!

　　王燕,出生在山青水秀的贵州,人也如同故乡风景般的靓丽。曾经的警花,如今成长为热衷于阅读、朗诵、舞蹈、歌唱的艺术之花。几多汗水几多收获,走过时间走过岁月,十年来,王燕的朗诵取得了长足的进步,跨越式的发展。

等着我
－ 鱼燕、胡新朗诵

男：没有星光,没有月光,
　　除夕的夜晚风雪茫茫,
　　雪花缀满了黑色的夜幕,
　　年轻的恋人离别在深巷。

女：等着我,我会回来,
　　我会回到你的身旁,
　　那是一个胜利的日子,
　　彩霞万里鲜花怒放!

男：等着你,你会回来,
　　再回到这故乡的深巷,
　　我会为你披上婚纱,
　　携手走进婚姻的殿堂。

女：等着我,我会回来,
　　此刻我必须奔赴战场,
　　祖国的武汉病了,

长江和汉水哭了,
流氓病毒百般猖狂!
国难当头,大疫当前,
我当义无返顾地逆行,
奋勇担当,以命救命!

男:把死亡赶出地球村,
把祖国的大花园守望,
岁月静好,社会祥和,
不辱使命,多难兴邦!

女:谁教我是个白衣战士,
耀眼的红十字在胸前闪光,
白衣里面是草绿的军装,
一枚团徽像火焰在跳荡!

男:没有眼泪,没有悲伤,
只有骄傲,只有荣光,
男子汉刚毅的面容,
怎容得下泪水两行?

女:你保证?

男：我保证！
女：你肯定？
男：我肯定！

男：等着你，你要回来，
　　你要学会保护好自己，
　　多多珍重，活着回来！
　　离别的时光不会很长，
　　正好准备出嫁的衣裳，
　　我的思念是温暖的月光，
　　像你胸前的围巾又厚又长。

女：没有星光，没有月光，
　　除夕的夜晚风雪茫茫，
　　年轻的恋人含泪壮别，
　　雪地上留下了脚印几行……

胡新，现旅居加拿大蒙特利尔。曾从事国际贸易，项目和物业管理。业余时间喜欢唱歌、朗诵。

鱼燕，生于旖旎江南，长在天府之国，现旅居素有"北美小巴黎"之称的加拿大蒙特利尔，供职于专业护肤品公司20年。热爱文学和朗诵，热衷于用法文、英文和中文朗读文学经典

蒙特利尔的银色月光

有爱的地方就有家
— 林和鸣朗诵

爱是黄昏的彩霞,
爱是银色的月光,
爱是温暖的春风,
爱是鲜花的芬芳。
爱是草原上马头琴的低语,
爱是森林里鸟儿们的合唱,
有爱的地方就有幸福,
有爱的地方就有希望!

爱是爸爸的白发,
爱是妈妈的泪花,
爱是孩子的欢笑,
爱是恋人的情话。
爱是漂泊者不尽的思念,
爱是远行人永恒的牵挂,
有爱的地方就有根,
有爱的地方就有家!

　　林和鸣,湖南潇湘电影制片厂专业化妆师,移民加国后,成为蒙特利尔梦之声合唱团、华商会艺术团演员。林和鸣属于复合型艺术人才,她博采众长,艺不压身,除歌唱和舞蹈外,对越剧,粤剧,花鼓戏也多有涉猎。她的文化生活丰富多彩,如诗如画,业余时间常与朋友们参加唱歌班,排演折子戏,打军鼓,模特走秀,既娱乐了大众,也陶醉了自己!

你的名字

— 李利朗诵

我骑着马儿走进七月,
走进太阳温暖的故乡,
走进百灵鸟的呢喃,
走进丁香花的芬芳,
走进风儿自由的翅膀。
我,草原上的马背诗人,
弹响心中的六弦琴,
同亿万人民一个声部,
把你的名字放声歌唱!

你的名字是黎明前的号角,
是镶嵌着理想的镰刀铁锤,
是战火中洞穿的不屈的旗,
召唤着饥寒交迫的奴隶,
砸碎千年的铁锁链,
开创劳动者新天地,
亿万人民当家做主,

各族儿女唇齿相依,
经济要发展,人民要幸福,
国家要富强,民族要独立!

你的名字是南湖的红船,
是十三位普罗米修士,
真理的火种撒遍中华,
神洲盛开着自由之花,
你的名字是伟大的领袖,
他是我们心中的红太阳,
你的名字是白发的将军,
满身的伤疤是一枚枚勋章,
草原的儿女永不相忘,
想起你们就热泪盈眶!

你的名字是人民的英雄,
是云周西村不屈的少女,
是隆化中学暗堡下的呼喊,
是烧炭的八路军战士,
是长征路上女兵的身影,
是牡丹江畔八女投江的塑像,
是勇敢机智的王二小放牛郎,

是井岗山上会师的老表,
是八一起义打响的第一枪,
我没有忘记你的名字,
你永远定格在我的心上!

你的名字是人民的领袖,
你来自大西北的黄土地,
来自改革开放大潮的洗礼,
来自人民的信任和嘱托,
来自革命前辈不朽的思想,
你的心间耸立着黄山长城,
你的血液流淌着黄河长江,
你的魂灵镌刻着中国梦的伟大理想!
你高瞻远瞩,信念坚定,
伟大的复兴,时代的征程,
经济稳步发展,科技日新月异,
弘扬中华文化,传承华夏文明,
强军步伐坚定,捍卫国家主权,
造福世界人民,一带一路大赞,
抗疫有目共睹,世人交口称赞,
航向业已确定,罗盘尽在手中,
跟着人民领袖,踏向新的征程!

我骑着马儿走进七月，
走进太阳温暖的故乡，
我，草原上的马背诗人，
同亿万人民一个声部，
把你的名字放声歌唱。
你的名字啊，就是，党！
党是母亲，党是太阳，
党是北斗，党是方向，
党是灯塔，党是力量！
我们沿着你的脚印走，
向前，向前，向前，
我们的队伍向前方！

李利，江苏省邳州市人。大学毕业后，任职于山东一所高校，从事学生教育管理工作。2002年移居加拿大蒙特利尔，现从事光纤技术工作。喜欢音乐、摄影和朗诵。

爱情短笛

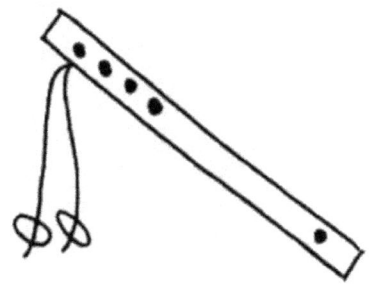

爱人 恋人 情人
– 云中君朗诵

爱人的手

一双钢琴家的手，
十指尖尖，细长骨感，
像春风中的柳叶，
像修长的玉兰，
你在月光下写诗，
指尖流出了远方和诗篇。

但你并不是诗人，
在那艰难的岁月里，
你去山坡上挖野菜，
在后院的东篱下，
自力更生，点豆种瓜，
这双手创造了生活，
把苦日子过成了好日子！

一阵轻轻的抚摸,
让愁绪烟消云散,
你那纤细的手指,
把冰冷的世界捂暖,
爱人的这双玉手,
就是如歌的行板!

恋人的脚

恋人小巧的双足,
藏进瘦长的鞋里,
找不到恰当的比喻,
来形容它们的美丽,
只好套用普希金的名句:
找不出第三只脚,
比它们更加秀丽!

走过春天的泥泞,

走过秋日的风雨,
走过事业的坎坷,
走过命运的不幸,
瘦弱的三寸金莲,
支撑着沉重的生活!

也曾追求过爱情,
从南京追到北京,
你的爱情宣言,
令多少男人动容,
恋人的双足如今你在哪里?
你是一个男子汉遥远的梦!

情人的伞

情人要去远方,
明日离别故乡,
撑把雨伞送她回家,
雨水打湿了我的衣裳。

没有了闪亮的星光，
不见了弯弯的月亮，
只有风儿在耳边絮语，
伴着秋雨忧郁的声响！

没有离别的话语，
只有泪眼相互凝望，
此时无声胜有声，
千言万语心中藏。

从北海送到后海，
再从后海送回北海，
一把雨伞送来送去，
永远在一起，再也不分开！

老天看懂了我们的心思，
闪电雷鸣，雨骤风狂，
我们躲进地铁站，
一直坐到天亮！

云中君，董岩，大学教师、加拿大魁北克华人作家协会主席。

蒙特利尔的银色月光

我把大西洋哭干
– 刘晓晋朗诵

我在大西洋这边,
听它大浪拍天,
你在大西洋那边,
对着它以泪洗面,
大西洋是一片苦海,
把相思的泪水盛满,
断肠人天各一方,
别时容易见时难!

也许有那样一天,
我把大西洋哭干,
两个苦难情侣,
走过距离和时间,
再听你莺声细语,
再看你秀丽容颜,
愿做美丽的岩石,
相拥在多情的人间!

刘晓晋,出国前在国内从事工程技术工作,任高级工程师。2003年怀揣看看外面世界多精彩的梦想移民加拿大,现任蒙特利尔华商会艺术团男高音歌唱演员,被同事们誉为声音好,形象好,人品好的三好演员。

不要走

— 魏晶朗诵

不要走,不要走,
让我拉住你的手,
让我看看你含泪的眼睛,
让我听听你忧郁的歌喉。
故国的风给了你苗条的身材,
故国的雨给了你秀丽的面容,
你是一朵不败的花儿,
永远开放在我的心头!

不要走,不要走,
让我拉住你的手,
我们去看火红的枫叶,
我们去听红河谷的离愁。
加国的春见证了我们的爱情,
加国的冬考验了我的忠诚,
我愿陪伴你走向生命的远方,
就在那冰雪消融的时候!

  魏晶，生于农村，长在城镇，最后随父母回到城市。虽然物资匮乏，但际遇是幸运的。父母给予了健康的身体，生活造就了勤奋进取、坚毅与执著的个性，血脉里流淌着山东、东北人豪放的性情。自己最大限度地接受了从小学到大学、研究生不同阶段的教育，一路享受着公费待遇、保送大学、择优分配……恰逢改革开放浪潮，亲眼目睹了最为壮观的科技变迁，享受着时代的红利。在时间的长河里，于历史的夹缝中，碰巧捕捉到了幸运的人生，不早不迟正好，在合适的时候做着合适的事情。

  曾在中小城市做过教师，在美丽的大连成家立业，在最大的国企做管理，前半生挥洒在祖国；为了体验更丰富的人生，于不惑之年在异域又开启了新的挑战：孕育又一个新生命、接触全新的语言——法语、学习新专业、再就业……知天命之年仍然和不同族裔的年轻人奋斗在工作岗位上！业余时间坚持着自己的小爱好：唱歌、跳舞、读诗诵词、健身、练琴、读书学习……

歌者与诗人
- 赵国柱朗诵

你比太阳起得还早，
歌声唱醒了林中的小鸟，
我追赶着你听过了四季，
生活从此音乐般美丽。

在报屁股上读到我的诗，
火热的诗行跳进你的眼中，
诗人的竖琴山泉样叮咚，
闪亮的金句令你动容。

我在你的歌里，
你在我的诗中。

你是一树雪白的梨花，
玉立婷婷，清纯淡雅，
没见你珠光宝气满身的名牌，
没见你浓妆艳抹雷人的长发。

而我虽是诗人却并不风流,
靓男帅哥的美名不属于我,
半头白发未老先衰的尊容,
一米五的个头,八百度的眼镜。

我在你的心里,
你在我的梦中。

赵国柱,1973年出生于河南开封。自幼喜欢文学艺术。于1993年考入开封师范音乐教育专业(今河南大学)。毕业后在浙江省杭州市萧山区任音乐教师,期间,多次辅导学生参加杭州市浙江省艺术节并屡获大奖。2012年秋参加国培计划,在中央音乐学院进修。2016年来加拿大进修,学习设计,摄影,并从事中文教育。

鲜红的枸杞
- 蒙特小微朗诵

黄河的风，贺兰的雨，
我越过荒漠和戈壁，
到锦绣南国寻找你，
唱给你舒伯特的小夜曲，
读给你手抄本的爱情诗集，
你却道来年有缘再相聚，
带给你几粒大西北的红枸杞。

长江的风，巴山的雨，
我越过万水和千山，
到风雨南国来见你，
带给你珍珠般的红枸杞，
唱给你道不尽的相思曲，
只可叹爱情的红丝线被扯断，
命运使我们天南地北各自东西。

大西洋的风，皇家山的雨，
我越过高山和大洋，

到风雨后南国来看你，
带给你小太阳般的红枸杞，
唱给你半个世纪的恋人曲，
愿你的人生像雨后的彩虹，
愿你的爱情像枸杞般艳丽。

蒙特小微，蒙特利尔旗袍会副会长，七天文学社秘书，七天周报专栏作者，梦之声合唱团歌唱、舞蹈、朗诵演员，多次参加蒙域重大朗诵演出，人称蒙特利尔文化小名人。

自画像

－ 周丽朗诵

脸上写满辛酸，
眼里装满忧郁，
每一根头发都是一个伤心的故事，
声音里定格着柴可夫斯基的乐曲。

遭遇过创世纪的爱情，
诗行里流淌着春天，
生活不是永远的欢乐颂，
也有无声的永别，含泪的背叛。

走过异国黎明的飞雪，
走过他乡黄昏的风雨，
手杖敲打着脚下的石板路，
他向梦中的家园缓缓走去。

爱情短笛

　　周丽，目前旅居加拿大，出国前从事青年工作，至今葆有青年工作者的朝气与洒脱。声如其人，她的诵读阳光般灿烂，月光般妩媚。

加拿大组诗五首

有这样一个地方
– 窗外朗诵

亲爱的朋友请听我讲，
有这样一个可爱的地方，
这里的女士美丽端庄，
这里的男士风流倜傥，
这里的青年歌声朗朗，
这里的老人笑容慈祥。
和平的白鸽飞满蓝天，
友谊的白帆乘风破浪，
时代的列车不可阻挡，
幸福的花朵到处开放。
啊，加拿大，可爱的地方，
我要为你放声来歌唱！

亲爱的朋友请听我讲，
有这样一个美丽的地方，
这里的青山头顶蓝天，
这里的碧水浩浩荡荡，

这里的森林郁郁葱葱,
这里的原野无比宽广。
辽阔的牧场芳草青青,
遍地的湖泊闪着银光,
美丽的枫叶染红山岗,
锦绣的河山鲜花怒放。
啊,加拿大,美丽的地方,
我要为你放声来歌唱!

亲爱的朋友请听我讲,
有这样一个神奇的地方,
多样的语言优美动听,
多样的艺术百花齐放,
多样的肤色相互辉映,
多样的服饰夺你目光。
和谐的社会无限美好,
多元的文化闪耀光芒,
友好的人民心地善良,
幸福的国度大爱无疆。
啊,加拿大,神奇的地方,
我要为你放声来歌唱!

窗外,银色月光朗诵会主持人,除歌唱、舞蹈、演奏、朗诵外,尤其热衷于阅读与写作,孜孜不倦,勤奋好学。为了读好《苏澳》这首诗,她查阅了台湾地图,了解苏澳这一港口城市,为了结识莺莺和张生,她阅读了剧本和有关资料,为了一句戏曲念白和一个优美的身段,她四处请教戏曲专家,终于把这首精美的诗作完美地呈现在观众面前。

蒙特利尔进行曲
- 袁晓静朗诵

披着那金色的阳光，
行进在长街和短巷，
看我们亲爱的城市，
世界上最美丽的地方。
历史博物馆述说千古，
北美大教堂钟声悠扬，
奥运会场馆高擎蓝天，
中华植物园鸟语花香，
更有皇家山枫叶红透，
圣劳伦斯河浪花飞扬。

披着那银色的月光，
行进在百年的老港，
看我们亲爱的城市，
世界上最幸运的地方。
轮船的汽笛呼唤着历史，
昨天的故事今宵难忘，

英雄的水手们乘风破浪,
开拓了这片荒凉的地方,
古老的土地青春焕发,
老港的传说到处诵扬。

披着那灿烂的星光,
行进在文艺的广场,
看我们亲爱的城市,
世界上最浪漫的地方。
北美小巴黎名扬四海,
艺术之都的美誉传扬,
天鹅湖拥抱二泉映月,
贝多芬阿炳欢聚一堂,
多元文化长河浪花飞扬,
东西艺术交流架设桥梁。

袁晓静，也许你在旗袍走秀的 T 台上见过她靓丽的倩影，也许你在文艺晚会的舞台上欣赏过她曼妙的舞姿，也许你在蒙城郊外春天的花园里感爱到她镜头的闪光，她的镜头里流淌着蓝色的劳伦斯河，快门按动的是生活的脉搏。她，就是银色月光朗诵会的摄影师、旗袍佳丽和舞者——袁晓静。

 加拿大组诗五首

蓝色的劳伦斯河(化妆朗诵)
－ 贾明、曾红朗诵

当我扬帆远航在劳伦斯河上,
你不知道我是多么的欢畅,
河水闪着明亮蓝色的光芒,
美丽的姑娘就在我的身旁。
亲爱的我愿同你一起前往,
象一只海鸥伴你展翅飞翔,
你爱着我呀我们去乘风破浪,
我爱着你呀我们去荡起双桨,
亲爱的好姑娘呀,
请你来到我身旁,
让我们飞过那蓝色的河流,
飞向那自由地方,
亲爱的好姑娘呀,
请你飞到我身旁,
让我们梦想着诗歌和远方,
飞向那梦的故乡。

蒙特利尔的银色月光

当我扬帆远航在劳伦斯河上,
你不知道它是多么的漂亮,
河水涌动无数蓝色的翡翠,
两岸青山就象那宝石一样。
群群白鸽展开那雪白翅膀,
片片白帆随风轻轻的飘荡,
无数恋人夏日里成对成双,
无数情侣跟随你扬帆远航,
亲爱的母亲河呀,
让我轻轻对你讲,
我爱你这美丽的地方,
陪伴在你的身旁,
亲爱的母亲河呀,
让我轻轻对你讲,
我愿把青春献给你,
永远为你放声歌唱。

贾明,加拿大山东商会会长,蒙特利尔文化艺术基金会常务副主席,蒙特利尔国际龙舟节暨龙舟文化节组委会副主席,蒙特利尔蓝色港湾俱乐部共同主席。长期致力于推动中加经贸以及传统文化艺术交流。

曾红,2001年开始旅居加拿大蒙特利尔至今,曾在康可迪亚大学进修,从事医药检测工作。曾涉足餐饮零售以及服装电子。致力于弘扬中国传统文化。业余时间,喜欢与志同道合的朋友聚会,喜欢养花美食,诗歌朗诵,唱歌舞蹈,参与并组织活动,为华人在国外更好地生活发光发热。

血染的道钉

– 张立红朗诵

百年前的一个早晨，
天寒地冻风雪茫茫，
一群汉子累弯了腰，
劳作在北美大地上。

那是一群海外华人，
作别妻儿背井离乡，
鲜血染红闪亮的道钉，
枕木磨破铁打的肩膀。

让千里钢轨横贯东西，
让列车汽笛高声歌唱，
让沉寂的大地不再沉寂，
让荒凉的北美不再荒凉。

身披严冬刺骨的寒风，
头顶盛夏似火的骄阳，
秋风吹走破旧的帐篷，

小木屋漏进清冷的月光。
饥饿煎熬着血肉之躯,
思乡曲唱哭西下的残阳,
野狼的吼声代替了欢笑,
孤独打不倒七尺男儿郎。

时间走过青春的岁月,
中华儿女奋勇前行,
海外游子勤劳勇敢,
大写的华人目标坚定。
万众一心勇往直前,
开拓进取无尚光荣,
汽笛唤醒沉睡的大地,
双手擎起北美的繁荣。

风声雨声汽笛声声,
千里钢轨横贯西东,
每一根道钉都闪着光辉,
见证着历史,诉说着艰辛。
有一根道钉血迹斑斑,
那是建设者深沉的眼睛,
它被珍藏在历史的画廊,

它被镶嵌在我们的心中。

这是一个久远的故事，
它定格在岁月的天空，
为第二故乡的繁荣昌盛，
炎黄子孙们将奋勇前行。

　　张立红，出生于内蒙古呼伦贝尔大草原，生长在大兴安岭，曾工作在美丽的滨海城市大连。现旅居加拿大。草原的宽广，山的巍峨，海的无边，铸就了乐观向上的性格和宽容坦荡的胸怀。热爱生活，喜欢探索新事物。虽为工科女，也追求诗和远方。喜欢阅读，热衷朗诵，也涉猎唱歌和跳舞。健康生活方式的倡导者。过快乐的生活，同时也给他人带来快乐。愿生活充满阳光和绚丽的色彩。

再见吧，我的加拿大姑娘（分角色朗诵）

- 张宁、朱九如、胡小华、魏晶、林和鸣朗诵

我从黄河的岸边，
来到枫叶的故乡，
在那宁静的校园，
遇见了一位加拿大姑娘。

她那轻轻的话语，
胜过四月的花香，
她那朗朗的笑声，
播种着友谊收获着希望。

在那知识的大海，
我们扬帆远航，
在那人生的考场，
给了我勇气给了我力量。

在那长街和短巷，
我们寻觅着历史，
在那古老的海港，

你叙述公主海盗和国王。

你用嘹亮的牧笛,
把友谊之歌奏响,
你那深情的旋律,
永在我心间飘荡。

可是我要对你说再见,
我亲爱的加拿大姑娘,
我要回到黄河岸边,
为了她的发达兴旺。

那里是我亲爱的祖国,
那里是我可爱的家乡,
那里有我的父老乡亲,
那里有我的白发爹娘。

那是一片深情的土地,
向远方游子张开臂膀,
我要为她的繁荣富强,
奉献我的青春和力量。

再见吧，再见吧，再见吧，
我最亲爱的加拿大姑娘，
忘不了你那离别的泪光，
它永远定格在我的心上！

朱九如,现居蒙城。芸香诗社成员,文学朗读爱好者。作品曾发表在报纸网络等媒体,也曾结集出版。

胡小华,天津人,毕业于天津南开大学,早年在某中学担任英语老师。赴法留学后移民加拿大,现在华人老人院工作。业余爱好唱歌跳舞诗朗诵。

滕新华谈朗诵诗

请你写首朗诵诗

— 李利朗诵

蒙城拥有众多的诗人,也拥有众多的诗歌爱好者和朗诵发烧友,如何把诗人诗作推介给广大读者,同时又向朗诵发烧友们提供朗诵诗,从而丰富和活跃蒙城群众文艺舞台,显然是一个十分有意义的课题,而不久前《七天》周报连续举办的两场诗歌朗诵会,便对这一课题进行了十分有意义的尝试。然而,尽管出现在朗诵会上的诗篇均属上乘之作,但也确有部分作品不属于朗诵诗的范畴,这是因为朗诵诗作为一种文学样式,它必然有着自己的创作规律和艺术特征,而只有充分认识并掌握这些创作准则,才能更好地为朗诵爱好者提供优质的诗篇。

我们知道,诗歌是个大家族,而朗诵诗就是这个大家族的一个成员,它除了具有诗歌的一般特征外,还有着自己鲜明的个性特点。

首先,朗诵诗除了供读者阅读外,更主要地还是通过诵读供听众欣赏,因此它属于听觉艺术,所以朗诵诗尤其需要具有饱满的思想情感与强烈的感情色彩,通过抒情的手段来感染听众。

其次,朗诵诗是通过朗读来打动听众的,具有一定的演出性,这就要求作者必须考虑作品情绪的连贯和完整,准确地安排情绪的起伏和高潮,从而形成鲜明的情感节奏。

再次,朗诵诗属于一次过的艺术,读者可以坐在桌前或躺在床上读一首诗,也可以坐在公园里或公交车上读一首诗,而听众却必须集中在一个固定的场所里欣赏诵读,因此朗诵诗的语言必须通俗易懂,含意明确,韵脚整齐,节奏鲜明,那些读者读不懂,编者没读懂,作者自己也不懂的三不懂诗篇,是无论如何也不能拿来朗诵的。朗诵活动是由朗诵者和听众共同完成的,所以它的篇幅不宜很长,句式不能太长,结构不宜太过复杂,每句的字数大体相等,适当运用对偶的修辞方法与对应的结构方式。

最后,动手写作前还应考虑到朗诵形式,是一人还是集体朗诵,是化妆朗诵还是配乐朗诵,是在舞台上还是在社区、校园、教堂、广场朗诵等。

郭沫若的《天上的街市》,贺敬之的《桂林山水歌》,海子的《面朝大海春暖花开》,陆蔚青的《硬币上的鹰》,都是优秀的朗诵诗。

李利,江苏省邳州市人。大学毕业后,任职于山东一所高校,从事学生教育管理工作。2002年移居加拿大蒙特利尔,现从事光纤技术工作。喜欢音乐、摄影和朗诵。

咱们说说诗朗诵

安妮朗诵

上周咱们聊了聊朗诵诗，现在来说说诗朗诵。朗诵诗与诗朗诵是两个不同的概念，前者是一种文学样式，后者是一种演绎方法，从某种意义上说，诗朗诵属于艺术上的一种再创作。当然，朗诵也是有章可循的，只要你掌握了它的规律与特点，就一定能朗诵得很精彩。

一是认真研究分析作品，吃透诗作的内容、主题、结构、高潮，只有理解得深透，才能诵读得感人，从而将作者的创作意图准确地传送给听众。

二是掌握作品的风格与形式，是抒情诗，叙事诗，还是讽刺诗，童话诗？是格律诗，自由诗，还是现代诗，民谣体？从而使形式更好地为主题服务。

三是分析作品的结构，找出它的启承转合与情感的高潮。一般来说，作品结构的外在表现形式是段落，通过分段使作品层次清楚，有条有理，脉络分明。朗诵者也可以根据二度创作的需要，将几个自然段合并为一个意义段，也可以将一个大段细分为几个小段。段落明确了，结构清晰了，便给作品的演绎和情感的表达找到了空间上的依据。

四是合理使用停顿，通过停顿划分段落，体现结构，突出高潮。一般来说，诗作的题目、作者、朗读者与作品之间，以及各段之间都应有一个适当的停顿，但停顿不是休息和休止，而是此时无声胜有声，为后面重要的字、词、句、段做好充分心理准备，同时也是强化节奏，克服平淡的有效方法之一。

五是准确把握语言的节奏，朗诵是语言的交响乐，它也有着自己的四个乐章，逐步把诵读推向情感的高潮。音量、音高、语速、语调，特别是情感的抒发，都应由小到大，由弱到强，逐步上升，从涓涓细流千回百转，到奔腾入海直达高潮。

六是找准重音，这是克服语句平淡的有效方法，分为感情重音与逻辑重音两种。感情重音如：孩子们，冲啊！重音应放在冲字上。逻辑重音如：我明天上午10点乘海航388次航班飞三亚参加笔会，可根据要突出的对象，如人物、时间、航班、目的地、事由的需要来确定重音。

七是运用适当的手势、恰如其分的动作、适度的表情、合理的舞台调度有效地表达思想感情，脸上没有春夏秋冬，呆立台上雷打不动，那不是朗诵而是背书。当然，我们也必须了解朗诵艺术与戏剧表演的同与异，不允许过火的表演和夸张的肢体语言。

八是努力激发视像的产生，一个情感投入的朗诵者，在诵读过程中常常会产生视像，使自己描绘的人物、景物、细节栩栩如生地浮现在眼前。视像的产生不仅是表现作品的必要手段，也是消除紧张情绪的有效方法。著名诗人贺敬之的名句：雪花——北方，桃花——南方，五月——海浪，八月——麦浪……短短的八个词汇却营造出四个鲜明的视像，为朗诵爱好者们津津乐道。

蒙特利尔的银色月光

安妮,旅加华人,热爱文学音乐戏剧表演艺术,在朗诵,戏曲,歌曲,主持,舞蹈,腰鼓,话剧等等各个领域的舞台上散发着自己的光和热,不断培养和提高个人的表演能力及艺术修养,并从中收获友情,丰富生活,提高品位,实践学习!愿以艺会友,共同追梦!我们可以体验到更多种可能、更丰富的选择、更宽广的生活!

一曲关于英雄的赞歌

－周丽朗诵

中国著名文艺理论家胡风先生，曾就作家与生活的关系提出著名论断：到处都有生活。而《七天》周报作者、诗人陆蔚青则用自己的创作实践，鲜明地印证了这一文学理念。

走进陆蔚青的诗歌长廊，你会感到生活的春风从四面八方扑面而来，而诗人则把文学的触角伸向生活的各个角落，全方位多侧面多层次地反映现实生活，从生活的大花园里采撷万紫千红的诗的花朵。打开陆蔚青的作品目录，便可窥见其作品内容之丰富，题材之多样，生活面之宽泛，这里既有壮美如虹的人生交响乐，又有悠扬悦耳的生活牧歌，既有海外游子的思乡曲，又有小桥流水，风花雪月，儿女情长，她写无脚英雄，也写家常里短，柴米油盐，麻将麻友，红桃2梅花3，她热情地讴歌真善美，也无情地鞭笞假丑恶，情人重逢令她唏嘘，见利忘义的商人令她厌恶，就连皇家山墓园也能激发她创作的灵感。为什么陆蔚青的作品百读不厌，那是因为她的牧笛里发出的是多音阶的乐音，从而使自己的文学之河永不干涸，以强烈的思想性与可读性吸引着读者、听众和朗诵者。

《硬币上的鹰》正是这样的一首诗作，它也是多年前发表在《七天》周报文学副刊上的一首旧作，在不久前的《七天》作者诗歌朗诵会上，受到诵者和听众的欢迎。看看作品的题目，足见作者立意之新颖，开掘生活角度之独特，谁没见过那枚镌刻着无脚英雄动人形象的硬币？但我们不知道它是一首诗，一支歌，一曲英雄的礼赞，但陆蔚青看到、想到、写到了，她从一枚硬币这一生活细节入手，塑造了无脚英雄壮美的文学典型。说到英雄，我们的思维模式是单一的，一成不变的，又是陆蔚青，为我们呈现了生活中的"这一个"，这一个与众不同的具有更高审美价值的英雄的典型。

故事是这样开始的：一块钱的硬币上，行走着一个穿假肢的英雄，他失去腿和脚，却决定穿越北美大地。短短四行，却交代了人物，提出了矛盾，设置了悬念，并由人物身体的残疾与追求宏大生活目标而产生了对比的艺术效果。短短四行，却令朗读者周丽心潮起伏，热泪盈眶，尽管作为一个经验丰富的朗读者，她明知首段的任务是交代和叙述而不能投入更多的情感表达。

接下来是这样的：没有腿的行走，他用假肢敲打地球，他在风中挥舞手杖，卷发飘扬，眼睛闪光。在这里作者使用了一连串的动词：行走、敲打、挥舞、飘扬、闪光，从而使画面充满了动感。朗读者周丽在本段仿佛瞥见作者精心塑造的人物形象，他不仅具有英雄的宏大理想与内心世界，还拥有用假肢敲打地球、在风中挥舞手杖的潇洒动作，卷发飘扬，眼睛闪光，八个字的肖像描写使一个真男人的壮美形象跃然纸上。朗读者仰视着这一崇高的典型形象，在这个心胸博大的男子汉面前，使多少现实生活中的油腻男们汗颜！

接下来作者发出了如此的议论和感慨：想象那没有腿的奔跑，想象那孤独行者的心，有多少人在为没有鞋而哭泣，他们没有看到这个没有腿的人。在这里，前两句诗属于作者对无脚英雄的想象，后两句是对现实生活中的那些准男子汉们的联想，而想象与联想又构成了写作方法的对比，从而干预了生活，嘲讽了人生，升华了主题，难怪伟大的德国诗人歌德说，对比是所有写作方法中最重要的方法。

让我们看看诗作是如何收尾的：我握住这枚硬币，握住一颗永不屈服的心，一个朝圣者的灵魂。这是一个宣言式的结尾，一个赞美诗似的结尾，一个讴歌英雄崇高灵魂的结尾，我相信陆蔚清写到这个结尾时一定是泪光闪闪不能自已，就像千百个读者、听众和朗诵者一样。我的一位朋友，也是陆蔚青的粉丝回国定居，行前将一把零钱留给了我，但却带走了那一块钱的硬币，他是否也想带走一颗永不屈服的心，一个朝圣者的灵魂？

这首诗本来是笔者朗诵的保留节目，曾多次在各种场合诵读过它，由于在策划《七天》作者诗歌朗诵会时发现周丽没有节目，便将本诗交她诵读。周丽出国前从事青年工作，至今葆有青年工作者的朝气与洒脱，文如其人，她的诵读阳光般灿烂，月光般妩媚！你问这首诗她读得怎样？让我悄悄告诉你：她读得比我好！

蒙特利尔的银色月光

周丽,目前旅居加拿大,出国前从事青年工作,至今葆有青年工作者的朝气与洒脱。声如其人,她的诵读阳光般灿烂,月光般妩媚。

朗诵诗《重逢》赏析

— 庞淑敏朗诵

《重逢》是著名诗人陆蔚青多年前发表在《七天》周报上的一首朗诵诗,在第一次《七天》作者诗歌朗诵会上,被朗读者发掘出来加以深情演绎,从而感动了全场听众。一首多年前的旧作,却依然被朗读者念念不忘,依然被听众接受和喜爱,足见其强烈的艺术感染力!

《重逢》是一首优秀的朗诵诗,它完全符合朗诵诗的创作规律和艺术特征。作品主题具有深层次的审美意义,语言优美生动却又通俗易懂,易于诵读和被听众接受,韵脚响亮,属于鲁迅先生所言,押大致的韵。诗作结构严谨,层次分明,容量适中,既不因篇幅冗长而吓跑听众,又能完成作品内容的完整叙述。特别值得一提的是,一首只有4个自然段,每段只有4行的诗作,却使读者和听众感受到了4个人物的存在,并且还为朗读者提供了丰富的联想、想象和视像。

作品是这样开头的:小街寂静,一座房子,一盆盛开的金菊,秋天在菊花中探出头来,几只鸟在树上耳语。短短的4行诗句,却依次交代出5个生动的视像:小街、房子、金菊、鸟、树,仿佛一个个特写镜头。朗读者庞淑敏在诵读这个首段时,以叙述者的语调,徐缓的节奏,含而不露的情感表达从容展开,在她虚幻的情境中,闪现着一连串的视像,仿佛电影中摇拍的长镜头。

第二自然段是这样的：我站在门前忐忑不安，想象房子里你的模样，好像十八岁的春夜，如今是否两鬓染霜。在这里出现了两个人物，我和你。而站在门前的我、房子里的你、十八岁时的模样、如今的两鬓染霜，都是虚写而非实写，但却比真刀真枪地实打实地正面描写人物肖像更加事半功倍，作者充分调动读者、朗读者、听众的想象和联想，以虚带实，以一抵十，反而产生了韵味深长的艺术效果。

第三自然段：重逢，喜悦或者哭泣，喋喋不休然后默默无语，岁月站在不远处，看他的杰作，骄傲或者叹息。在这里又出现了两个人物，一个是故事的叙述者，另一个是岁月——如果我们把它也理解成一个人物。庞淑敏在诵读本段时，仿佛看到了房子里真实的生活场景，喜悦之后的哭泣，喋喋不休后的默默无语，语调里盛满着人生的无奈，岁月的无情，命运的无语。

尾段居然可以这样写：命运走过了时间，走过了悲欢离合，我曾在你的窗外忐忑，如今我转身离去。真是别样的重逢，构思精巧，出其不意，耐人寻味，以新颖、新鲜、新奇的角度，完美呈现了这首人生小夜曲。

这首诗的朗诵者是银色月光朗诵会的庞淑敏，一位昔日的美女警官，如今的美丽舞者，她集歌者、舞者、诵者于一身，多才多艺，拥抱生活。她选择了《重逢》参加朗诵会，使我想起自己当年的朗诵老师聂书杰先生的一句名言：作品选对了，朗诵就成功了一半。

庞淑敏，昔日的美女警官，今日的美丽舞者，一位活跃在蒙城文艺舞台上的文艺女青年。她集歌者、舞者、诵者于一身，多才多艺，拥抱生活。

展开联想和想象高飞的翅膀
— 安妮朗诵

《七天》周报作者、诗人陆蔚青应邀去台湾参加一次文学活动,有一天,她走在港口城市苏澳的街头,目睹了这样一幅生动的画面:敞开的窗前,挂着一件玫瑰红的长衫,女人的宽袖,舒展在苏澳的街道上。这,就是朗诵诗《苏澳,挂在窗前的那件长衫》开头的两句,而正是这件舒展的玫瑰红的女人的长衫,吸引了朗读者陈鹃的眼球,引导她继续阅读下去。

那件长衫有点像和服,又有点像汉装,就像台湾的历史,时段分明,而成份复杂。风从窗口吹进来,长衫像一只大鸟,高高举起双臂,然后柔软转身,向天空飞去。在这里,就是这样一件普通的台湾妇女的长衫,却引发了诗人丰富的联想,作者以这件又像和服,又像汉装的长衫为切入点,联想到台湾历史和文化独特的发展轨迹,它既有和服的痕迹,又有汉装的元素,既时段分明,又成份复杂,深刻地揭示了祖国宝岛与中华文化必然的历史渊源,从而开拓了作者思路,拓宽了题材内容,加大了作品容量,深化了诗作主题,增强了思想内涵,像一把开启思路的金钥匙,为作品插上了高飞的翅膀。

诗作的最后部分是一大段抒情的慢板:阳光从斜刺里直直地切过来,把它托在空中,在长衫后面,还有一件白色长袍,它质地朴实,沉默无声,玫瑰红的大鸟便飘下来,轻轻落在街上，甩了两下长袖，好像一个端庄而动情的青衣，水袖在热带熏风中翻转，我听见从遥远的历史深处，传来莺莺的一声清唱，一双白色的长袖轻轻搭过来……张生来也！

　　这正是本诗的华彩乐章，通过拟人手法的运用，陆蔚青把一红一白一衫一袍写得活灵活现，妙趣横生！在这个抒情段落里，作者以梳人灵魂的诗句展开浪漫的想象，描绘一红一白两件长衣飘落街头，舒展长袖，翩翩起舞，从而为读者和听众搭建了一座虚拟的街头舞台，让我们重逢久违的莺莺和张生，欣赏她们曼妙的双人舞。在这里，诗人使用了想象这根神奇的魔杖，形象地表达了中华历史文化的源远流长和对台湾的深远影响，为那件又像和服又像汉装，时段分明成份复杂的玫瑰红长衫，做出了生动形象而又合情合理的诠释。

　　这首诗的朗读者是《七天》周报的热心读者、银色月光朗诵会的陈鹃，她是一位文艺女青年，除喜欢唱歌、跳舞、弹琴、旗袍走秀外，尤其热衷于读书和写作，勤奋好学，孜孜不倦。为了读好这首诗，陈鹃查阅了台湾地图，了解苏澳这一港口城市，为了结识莺莺和张生，她阅读了剧本，为了结尾处的一句戏曲念白和一个优美的身段，她四处请教戏曲专家，终于把这首精美的诗作完美地呈现给听众。

蒙特利尔的银色月光

安妮，旅加华人，热爱文学音乐戏剧表演艺术，在朗诵，戏曲，歌曲，主持，舞蹈，腰鼓，话剧等等各个领域的舞台上散发着自己的光和热，不断培养和提高个人的表演能力及艺术修养，并从中收获友情，丰富生活，提高品位，实践学习！愿以艺会友，共同追梦！我们可以体验到更多种可能、更丰富的选择、更宽广的生活！

滕新华点评诵友

鱼燕

鱼燕来信,说诗人朱九如任责编的七天周报文艺副刊,收到大量来自全国各地的抗疫诗作,希望能与银色月光朗诵会合作,将文字变成声音,编成专辑,并荣登喜马拉雅。鱼燕又来问我,我当然举双手赞成,朗诵是玫瑰,是夜莺,但在凶恶的疫情面前,它也是匕首,是投枪。于是,一个名为《众志成城·我们必胜》的专辑便应运而生了。专辑由鱼燕任主编,借重银色月光的20位诵友,录制了来自海内外的22首诗作,奋战近一月,大功告成!

鱼燕是个朗诵发烧友,不但自己发烧,还带领诵友们一同发烧,我们把这样的人称之为主编。近年来,鱼燕主编了十集朗诵美篇系列,《黑色的花朵》长篇小说连播,《滕新华散文集·红灯区的脱衣舞厅》散文连播等,每当忆起共同走过的朗诵艺术之路,总是不由得泪目!

有这样的好主编,必能众志成城,我们必胜!

鱼燕,这朵花献给你!

本期朗读者鱼燕，是银色月光朗诵会首批会员，团队朗诵指导，主编。五年过去了，真是弹指一挥间，鱼燕为银色月光和喜马拉雅主编了系列朗诵美篇 10 期，长篇小说连播《黑色的花朵》33 期，散文连播《红灯区的脱衣舞厅》62 期，诗歌连播《众志成城我们必胜》22 一期，诗文朗诵《渴望春天》30 期。这么大的工作量，真地很不容易，作为作者，我能感同身受，不必说每期的组稿约稿，试听录音，也不必说安排版面，选择图片，导言寄语，刊登广告，就是把这么多的朗诵视屏看上一遍，需要多少时间，耐心和责任心啊！

鱼燕是位好主编，也是一位优秀的朗读者，五年来她为自己的艺术画廊增添了一大批朗诵精品，包括《我与移民文学》，《雪花晶莹》，《等着我》，《黑色的花朵》之《从地狱爬回人间》等等。她的朗读是从大量的案头工作开始的，分析作品的主题，立意，结构，情节，总体风格，寻找未来朗读的特色与突破口，必须胸有成竹，方能投入朗诵。仅以今天的《她》为例，当鱼燕读到久违的苏联歌曲《遥远的地方》时，音频中同时回响着这首音乐经典熟悉而亲切的旋律，鱼燕还对那位女大学生进行了声音化妆，使那孩子的热情，开朗，稚气，充满活力跃然耳畔。鱼燕为了写好《西江的雨》的导语，查阅了广西地图，为了弄清人物关系，打电话进行咨询，她的导语文笔很美，而且充满悬念。

鱼燕的创作方法影响了包括银色月光在内的一批诵友，而首先被她影响的则是胡新先生，耳濡目染，近朱者赤，胡新鱼燕搭档朗诵《等着我》，胡新在充分理解了诗作的写作背景与特定情境之后，以深沉，内在，含蓄，自然的声音，诠释了什么是男儿有泪不轻弹，什么是疫情之中的中国男子汉。可以认为，胡新是继娘子军连党代表李利之后，又一位脱颖而出的男性朗读者，可喜可贺，可圈可点。

鱼燕，先喝两杯茶，然后再朗诵！

鱼燕很会选诗，她慧眼识珠，从众多优秀诗篇中选了这首《武汉，武汉》，作品运用拟人的表达方法，并使用第二人称，称武汉为"你"，与第一人称的"我"共同展开叙述，敞开心扉，深情诉说。所以，这首诗不是小夜曲，也不是进行曲，而更象是一曲咏叹调，一首诗人与武汉的二重唱。在结构上，诗作划分为三大部分，并通过场景的变换，（武汉，昆明，广东），拓宽了作品空间。

鱼燕会选诗，更会读诗。她从正文前的报作者与朗读者名字开始便进入了角色与诗作的意境，并给整个诵读奠定了风格和基调。她灵活运用朗诵的发音和气息，同样是"武汉，武汉"，但前二字鱼燕借鉴了声乐中的气声唱法，仿佛在与武汉深情低语，而后二字却激情迸发，有如电花般闪光，号角般昂扬。成熟的朗读者善于运用停顿这个武器，鱼燕驾轻就熟，她用三次较长的停顿来划分段落体现结构，就如同一部交响乐的四个乐章之间需要停顿一样。而鱼燕对这三大部分的艺术处理又是截然不同的，在第一部分中，鱼燕以《卑微》的心理感觉、低沉的语调，小心翼翼地诉说着"我"的困惑与矛盾，决心"一个卑微的诗人以无力的诗行献给武汉"。在第二部分中，通过滇池的写景状物，引申出"你的子民会接下重棒"的决心。而在第三部分里，鱼燕一往情深地向武汉吐露心曲，"经过苦难洗礼的城市，成长的步伐会更坚定"，"英雄的城市，我们守望你"，而这两句，我把它理解成诗作的主题。

  鱼燕是伴随着银色月光的成长而成长的，凭着对朗诵艺术执着的爱，多年来做了很多有益的工作，她主编了十集朗诵美篇、《黑色的花朵》长篇小说连播、《红灯区的脱衣舞厅》散文连播、《众志成城我们必胜》诗歌连播，为活跃群众文化生活不辞辛劳，无私奉献！

  辛苦了，鱼燕，为你点赞，向你敬礼！

蒙特利尔的银色月光

王燕

  这是一首朗诵诗,它结构严谨,容量适中,语言精炼,通俗易懂。它属于典型的二段体,通过对应,对偶,比喻,夸张等修辞方法和表达方法,使作品便于记忆,背诵,朗读,流传。

  这首诗的朗读者王燕,是银色月光朗诵会的首批会员,曾多次在各种朗诵会上读过它。几年过去了,现在又一次聆听王燕朗读《西江的雨》,倍感更加深沉,深刻,深情。朗读者透过对家乡的赞美,激发中华儿女战胜灾难从而使祖国大地更加美丽。

  王燕这人有很多闪光点(健忘除外),其中之一便是热心待人。有一天刚下班就打来电话,说是先讨论朗诵再吃饭,可是一谈到老年人如何自我隔离,以及抗击病毒方法,便忘记疲劳与饥饿,说起来没完没了,这使我心生感动,庆幸银色月光拥有这样一批热心肠的朗诵发烧友!

  王燕,歌者,舞者,诵者,好人。

苏凤，曾经的联合国官员，如今的诗人和画家。王燕，曾经的警花，如今的集歌者、舞者、朗诵者于一身的艺术之花。这样的两位姊妹花相遇，会碰撞出怎样绚丽夺目的火花！

　　苏凤的诗，格调隽永，意境深邃，韵味朦胧，充满着诗人独具的个性特征，苏凤的诗是小众的，而小众们也是需要艺术来滋润的。

　　苏凤的作品需要王燕这样的诵者来解读，因为二者风格的相同或相近，而珠联璧合。纵观王燕近年的朗诵作品，你会发现她已取得了长足的进步，并且逐渐形成自己独特的风格。你听，她轻声细语，莺声燕语，情感细腻，象淙淙流淌的小溪，似月白风轻的水墨画。

　　给王燕献花！

　　给苏凤敬茶！

周丽

　　本期朗读者周丽，是银色月光朗诵会首批会员，团队的音乐指导。多年来，周丽为银色月光付出了很多心血，做了大量工作，从冒着风险到演出现场张贴转场通知，到组织和协助排练演出《海港之夜》，《妈妈要我出嫁》，《贝加尔湖荒凉的草原》，从圣劳伦斯河游艇上的《月亮颂》，到多场大型朗诵会演出，都能看到周丽忙碌的身影。周丽是个热心人，我在康复中心那些日子里，记不清有多少回，她匆匆赶来，送医送药，而比她的神医神药更有疗效的，是战友间温暖的友谊。记不清有多少次，她车接车送，把我送到排练及演出现场，送到各种社会活动的举办地。

　　康复中心是我人生的拐点，它提升了我对事物的认知和行为模式，而最令人动容地是周丽凝聚起来的陪护团队，诵友们的辛勤付出与真情使我从此不再怀疑人生，并且深信世界依然十分美好。当然，这一方面是出于各位诵友一直以来与本人的战斗友情，但更主要的则是源与周丽的亲和力与凝聚力，源于她跟众位诵友的交情与缘份。当我走出康复中心，陪护微信群已经完成了它的使命，周丽作为群主没有关闭它，她想有朝一日我住进了老人中心，会在银色月光下回忆起这段美好，回忆起众位诵友们的音容笑貌。可惜地是在一次更换手机时，这些珍贵的资料被丢失了，不过没关系，它们已经镌刻在我心灵的模版上！

多年来，周丽积累了一批朗诵代表作品：《黑色的花朵》之张天亮拉车，《红灯区的脱衣舞厅》，《父子情深》，《我的电影梦》……在周丽的声音里，人物形象栩栩如生，性格特征鲜明生动，个性化的语言维妙维肖，恰如其分。小说界有一种理论说，没有写作方法的方法是最好的方法，这话尽管片面，但也不无道理，听听今天的这篇《我》，轻声细语，慢慢道来，似乎听不出什么朗诵方法和技巧，其实已经化外在于内在，化腐朽为神奇，看来随着岁月与成长，周丽的朗诵风格已遂逐步形成。

不说了，还是先来听听周丽的朗诵录音吧！周丽，你请！

陈鹃

本期朗读者陈鹃,是银色月光朗诵会首批会员,团队演出主管,节目主持人。我与陈鹃初次见面,是在唐人街加鼎广场的喷水泉,那里是银色月光排练的好去处,为了不使排练影响他人,我们选择了二楼的室外花园,那天下着牛毛细雨,于是我们便又躲进了花园的凉亭。那次是银色月光第二次大型诗歌朗诵会,我们引进了蒙城古典诗词不倦的传播者紫云老师的一组词作,重磅推出,为弘扬中华文化,传承民族精神做出努力,此举无论是在当时还是在现如今,都是一个创举和壮举。陈鹃当时还没有加盟紫云老师的诗社,对于朗诵古典诗词知之甚少,于是便决定冒昧地求教紫云,请她加以指导。紫云老师第一时间回复了我们,她先讲解,后答疑,再示范,一口气朗读了十几首诗词,令我们十分感动,这可忙坏了陈鹃,她那天给自己配备了全副装备,一台录音机,两部手机,还有其它配件,她先是录音,再用两部手机倒来倒去,当时还出现了很多技术上的问题。最后,她终于大功告成,又忙着将胜利的果实一个个转发给古典诗词朗诵组的成员们。忽然，陈鹃大叫一声：我的妈呀，大事不好，我误了接班了！

银色月光的人个个都是"俊鸟"，但既便是"俊鸟"，她们也要"先飞"。为了读《苏澳，挂在窗前的那件长衫》，陈鹃查阅了台湾地图，了解苏澳这一港口城市，为了结识莺莺和张生，她阅读了剧本，为了一句戏曲念白和一个优美的身段，她四处请教戏曲专家，终于将这首精美的诗作完美地呈现给听众。

人常说，诗在诗外，艺不压身，陈鹃除唱歌，跳舞，弹琴，京剧演唱，旗袍走秀外，她尤喜阅读与写作，勤奋好学，孜孜不倦。作为银色月光的节目主持人，她更是一丝不苟，做足功课，主持起来方能旁征博引，妙语连珠，上下贯通，连接自然，结构上又紧凑又流畅。

陈鹃的代表作品众多，在长篇小说连播《黑色的花朵》中，她主播《话剧演员马拉》一集，众多的人物，不同的性格，各具特色的台词，都要求演播泾渭分明，毫不雷同，难，难于上青天！而值得庆幸地是，陈鹃克服了困难，出色地完成了演播。而在散文连播《红灯区的脱衣舞厅》中，陈鹃又不幸地撞上了《我的三位朗诵搭档》、《故园行》，而前者又是满纸的人物，满篇的个性，不同的性格，风格，色彩。当然，谈陈鹃的代表作品离不开微型音乐剧《妈妈要我出嫁》，陈鹃担纲女主角，一位嫁不出去的白俄罗斯姑娘，人物有血有肉，表演生动逼真，喜剧的表演风格令人耳目一新。

为陈鹃点赞！

蒙城的作者遇到蒙城的诵者，旗袍会的美女遇到银色月光的才女，她们便碰撞出别样的火花。

先说陈鹃，银色月光朗诵会主持人，唱歌、朗诵、弹琴、京剧，可谓多才多艺。陈鹃尤喜阅读与写作，她写新诗，也写古体诗词，孜孜不倦，博采众长。

再说东玫，性格开朗，热爱生活，喜欢一切美好的事物。她的朗诵自成风格，成功地借鉴声乐的气声唱法，如诉如歌，自成一格。

抑扬手法的运用是诗作的一大特色。首段先抑，不习惯武汉女人的粗声大嗓，男人的江湖义气。二段后扬，为的是令人眼眶发热的逆行者。三段再扬，武汉人全体在家坐月子，武汉有救了。四段一扬再扬，武汉人的忍耐、豁达、感恩，让作者一次次泪目。尾段升华，结尾点题，"今夜我要做个好梦，梦回那白云黄鹤的地方"，而纵观全诗，东玫处理得即有淡淡的哀愁，又有满满的自信与希望。

一段时间以来，主播们的美照争奇斗艳，美不胜收，美女帅哥们或端庄秀丽，或潇洒浪漫，曼妙的人体美，乐观向上的性格，无不展现出主播们对生活的无比热爱！

为东玫点赞！

为陈鹃辛苦！

魏晶

我认识魏晶,是在著名作家陆蔚青的诗歌朗诵会上。那天,魏晶朗诵了诗人酷勒的一首抒情诗,她那大号的戏剧女高音,大海怒涛撞击岩石般的表演风格,一浪高过一浪的阶梯式结构方法,跟诗作的叙述模式丝丝入扣,完美结合。作为观众我十分欣慰,庆幸听到一次出色的诵读,一次完美的艺术创作,同时我又在期待着什么,期待着恩格斯所说的"这一个",终于,我等到了!原来,酷勒引用了一段歌词作为诗作的尾段,而魏晶居然别开生面,运用她那极具穿透力的大号戏剧女高音引吭高歌,将歌词演唱出来,为诗作画上一个完美的与众不同的句号。你看,就是这样一个表现形式上的创新,就使一次完美的诵读升华为一个朗诵经典,一个恩格斯老人盛赞的"这一个"。

第二次听魏晶是在一次聚会上,她与一位诵友突发奇想,用英法双语朗读一首翻译诗。语言的韵味,作品的诠释可圈可点,但她们并不满足与此,而是寻找一个表演的突破口:疯狂。她们激情如火,越读越疯,进而将诵读推向高潮,听众不由感慨万端:疯了,疯了,真是读疯了!疯,是突破、突围的一个点,是又一例成功的"这一个"。

第三次是在抗击疫情的朗诵平台上,魏晶朗诵一位四川诗人的作品,诗作立意直白,缺少创作上的最佳角度与突破口,只是对众多历史现象进行罗列,大量引用名人讲话,过多用标语口号,不像一首诗而更象首长讲话。但这没有难住魏晶,她突出了自己一贯的风格:豪迈,大气,自信,从而救话了这首诗作。

这次,魏晶很不幸地摊上了敝人的拙作,一首不是很成功的爱情诗《不要走》,作品开掘生活的深度和广度不是很够,事件,人物,立意都很单薄,但魏晶抓住了诗作的尾段,将一个"不要走"变成四个,一个比一个读得轻,慢,弱,从而使一首不是很成功的诗作具有了表达方法上的个性特征。

所有这一切,离不开魏晶对作品的探索与把握,离不开对作者和作品风格的把握,离不开大量的案头工作。我们见多了这样的朗诵三部曲:发朗诵稿——立马排练——上台演出!我们见多了这样的声乐三部曲:发歌片——赶紧排练——赶紧演出!我们也见多了这样的戏剧导演:不做案头工作,不把握时代背景,不了解作家作品的艺术风格,不分析主题,结构,人物,戏剧冲突,剧作高潮……上来就排戏,排完就演出!

唉!

献给魏晶!

安妮

近年来,安妮的朗诵有些"疯",而这,正是引导诵读走向高潮的诱发剂。

人常说,演员是疯子,导演是骗子,观众是傻子,听起来纯属一派胡言,细想确有道理。沒有演员的"疯",何来大段的激情表演和台词,没有导言的"骗",何来声、光、景、替身、借位、情绪记忆、声音化妆...而观众不"傻",该哭不哭,该笑不笑,还常常混淆生活真实与艺术真实,较真,诘问,这也不合理,那也不真实...

为安妮的"疯"点赞!

曾红、贾明

  曾红、贾明夫妇与我初次合作，是在五年前的蒙城华人春节大联欢上，那时我们约了十位朗诵发烧友，以魁北克传统文化促进会、银色月光朗诵会的名义参加演出，朗读了诗作《有这样一个地方》，偌大的康大剧场嘉宾满堂，座无虚席，十位诵友意气风发，激情澎湃，感情投入到忘我乃至忘词的地步，演出赢得了五次热烈的掌声，这对于朗诵尤其是群体朗诵来说实属不易！其间曾红等七位女士确实是美丽端庄，而贾明等三位男士也确实是风流倜傥，男士中有一位著名企业家，本来就是个风流倜傥的大帅哥，偏偏又把这句词分给了他，而他读到这句时观众又暴发出友好而调侃的掌声，所以我们直到今天聚在一起，大家便不约而同地喊道："你好，风流倜傥！"

  曾红、贾明是做大生意的，但他们为了诵友们活动方便，有个落脚之地，就在绿线孟克地铁站近旁开了一间四季香餐厅，那里可是蒙城华人的快乐老家，美味佳肴对酒当歌就不消说了，还常常举办诗歌朗诵会，抒情歌曲演唱会，消夏交谊舞会，国航飞行员招待会，足球运动员恳谈会，男高音歌唱家刘建军与歌友见面会，活动多多，精彩纷呈。记得当时曾红的朗诵代表作是舒婷的《致橡树》，贾明的是诗人毛泽东的《沁园春，雪》，话说贾明乃是一枚典型的文艺男中年，为了朋友聚会斥巨资购进一套超级音响，他还喜欢京剧样板戏《沙家浜》中斗智一场，经常粉墨登场，华丽亮相，有板有眼有滋有味地来上一段，他还喜欢演奏萨克斯风，代表曲目是《回家》，贾明的声乐代表曲目是祖海的《为了谁》，这次咱们有个微型朗诵剧《警长与医生》，由贾明、曾红连袂演出，我们除了期待两位精彩的表演外，更期待他们演唱的武汉版《为了谁》，一定好听！

天下没有不散的宴席，好日子也有到头的时候，由于曾红、贾明艺术第一赚钱第二的经营理念，导致四季香关门大吉。现在，每当去孟克办事路过四季香，颇有一种人去楼空的感触。不过，丢了芝麻拣了西瓜，曾红贾明又创办了蒙城华人泼水一节，在酒足饭饱，唱够跳够疯够之后，再把别人和自己都泼了个一塌糊涂，仿佛一只只水淋淋的落汤鸡，然后坐上贾明的蓝色港湾号游艇，由"贾船长"亲自驾驶，在劳伦斯河上乘风破浪，欣赏迷人的银色月光。我们还合作举办了一场游艇上的诗歌朗诵会《月亮颂》，收获之一是蒙城诗人们触景生情，有感而发，产生了一批咏月诗作见诸报端。

曾红的朗诵代表作很多，都是"抢"来的，第一篇是《除夕之夜的敲门声》，于是我们便听到了对贝多芬《命运》交响曲的绝妙处理。这次，她又迅速出一手，第一时间将陆蔚青抢了回来，于是我们便听到了银铃般清脆悦耳的声音，听到了情真意切的心之交响，这使我想起年轻时朗诵老师聂抒杰先生的一句名言：作品选对了，朗诵便成功了一半。诗作的题目是《封城》，陆蔚青写出了，曾红

蒙特利尔的银色月光

读出了围城内外的严峻,极具画面感,尽管美丽的街道冷清了,像电影中的空镜头,但围城里的人在呐喊,围城外的人在奋斗,当曾红读到向天空高喊:有人吗?她升高了音调,加大了音量,增强了语言的力度和情感的浓度,读得豪情万丈,令人热血沸腾!

为曾红点赞!

为贾明鼓掌!

曾红善于"抢"。记得在不久前的散文连播中,她第一时间"抢"到一篇散文,于是我们便听到了那梳人灵魂的诵读,听到了对贝多芬《命运》交响曲的绝妙处理。这次,据主编对我讲,她又迅速出手,把陆蔚青抢了回来,于是我们便听到了银铃般清脆悦耳的声音,听到了情真意切的心之交响。这使我不禁又想起了那句名言:作品选对了,朗诵便成功了一半。

诗作的题目是《封城》,陆蔚青写出了、曾红读出了围城内外的严峻,极具画面感。尽管美丽的街道冷清了,像电影的空镜头,但围城里的人在奋斗……围城外的人在呐喊……而在奋斗、在呐喊、向天空高喊:有人吗?曾红升高了音调,加大了音量,增强了语言的力度与情感的浓度,读得豪情万丈,令人热血沸腾!还有,五个"人"字构成的排比句式,尾段尾句的首尾点题前后照应:什么也无法将它"封锁",都展现出红姐的朗读水准。

曾红还通过停顿将诗稿划分为三个意义段,有时还去掉一句话,加上一个字,或将两个字前后颠倒一下,也展现出朗读者的文字功底。

为曾红点赞!

李利

本期朗读者李利,是银色月光朗诵会首批会员,团队摄影师。由于他唱歌好,朗诵好,表演好,特别是人品好,又由于他是第一位参加银色月光的男性,所以诵友们亲切地称他为银色月光娘子军连党代表。我跟李利相识多年,那还是在华商会艺术团的初创时期,李利是男低声部的声部长,我是他手下的一名合唱队员,我这人唱歌有个毛病,每次演出时由于太过投入,所以唱着唱着就唱快了,以至拖垮了整个男低声部的节奏,每到这时李利便在我身旁轻声说:"又快了,又快了,慢一些!"现在回想起来,很搞笑,很温暖。

作为男低音,李利的声音厚重,宽广,有磁性,有力度,有穿透力,有独具特色的表现力,他演唱的《天边》,《在那遥远的地方》,《草原上升起不落的太阳》,不仅成为他自己的保留曲目,也是我们男低声部歌友们喜欢的歌曲,李利还与阎金祥等歌友组成男声四重唱,完美演绎了影片《铁道游击队》插曲《弹起我心爱的土琵琶》,以抒情的演唱手法，和谐统一的声部，具有历史年代感的叙事风格，深情还原了当年抗日英雄们激情燃烧的岁月，并在《蒙城好声音》的声乐比赛中获得成人组第二名的好成绩。

有这样一副男低音的好嗓子，李利的朗诵便得心应手，得天独厚，纵观蒙城朗诵圈，具有男低音色并且取得丰硕成果的朗诵人才，李利应为当之无愧的第一人。几年来，李利打造出一批朗诵代表作，包括散文连播《红灯区的脱衣舞厅》中的《朗读，有温度的声音》，《侃球》，《迷路》，《封城》等。在微型音乐剧《海港之夜》中，李利出演男主角瓦夏，一名俄罗斯水兵，他歌声嘹亮，节奏鲜明，舞台调度精准，表演生动活泼，潇洒自如，唯一不尽人意之处是，经常跳出戏外，不能全身心地投入到角色与剧情当中，例如与乌克兰姑娘娜达莎（瓦夏的女友）的拥抱不够到位等。最后说说李利的摄影，经常在朋友圈欣赏到他的作品，最经常的主题便是那些富有特色的，令人过眼不忘的景物，特别是擅于表现高远的天空，奔腾不息的大河，真是"蔚蓝色的天空，覆盖在你的上面，河流急驰飞奔，大海洋在咆哮……"每每都呈现出苏联歌曲《遥远的地方》的深邃意境，每当心境不佳时看看李利的这些摄影作品，顿觉豁然开朗，心情便一下子好了起来。

今天，李利带给我们的是陆蔚青的诗作《禁足》，陆蔚青是我们朗诵发烧友的老朋友了，她不但是一位著名作家和诗人，尤其难得地是还为我们创作了那么多的朗诵诗。这篇《禁足》只有短短的十二行，却表现了一个大主题：死亡与希望。三月，代表死亡，而春夏交替的时刻则预示着希望，抒发着诗人美丽的梦想！

李利，等着听你的朗诵与解读！

庞淑敏

本期美女主播庞淑敏,系银色月光朗诵会首批会员。五年来,庞淑敏勤于实践,勇于探索,认识生活与反映生活的功力不断提升,艺术上逐步走向成熟。从最初勇敢地走出合唱队列担任合唱的朗诵,到为《海港之夜》和《妈妈要我出嫁》编舞,从独幕话剧《采访》中的白记者,到《英才有个马老师》的副校长,都令人印象深刻过耳不忘。这次,庞淑敏又以深沉和深情的声音,为我们塑造了《写给我的旅伴》中的人物形象,并将诗作对偶和对应的修辞方法加以突出,使作品平添了音乐美与建筑美。

庞淑敏热爱生活,拥抱生活,享受生活,她的时间表总是排得满满的,银色月光的排练和演出,旗袍会的走秀和慰问,学习声乐,学习舞蹈,四处奔波,乐此不疲。每次她都是先开车到公交车站,再公交转黄线,黄线转绿线,最后到达目的地。为了这些活动,她经常歇了生意,或者顾用员工顶班,而她说得颇有些哲理:这是一种生活方式,我喜欢这种方式。

淑敏是个热心人,为了给《红灯区的脱衣舞厅》找出版单位,她查遍了京城的出版社,最后锁定了十一家,还查出了联络方式及社址。不幸的是,出版家们都被书名吓回去了,只有一家吃了豹子胆同意出版,但最终因版税等原因而忍痛割爱!

有困难,找淑敏。作为一名当代科盲,几年来我多次丢失了手机里的珍贵资料,最近又找淑敏求救,当时她正在后花园当农民,立马放下手里的花花草草,先爬自家楼,再爬微信楼,第一时间将我需要的一批资料发了回来。

马克思将劳动细分为高级劳动与低级劳动,淑敏常说自己是在花园里劳作的农民,但在精神层面上,她确是一位不断登攀艺术高峰的勇者!

淑敏你好!

在写简评之前,看到你写给九如的微文,使我体察到你对《无法逃离》深层次的理解与悟觉。九如的这首诗除朗朗上口、韵脚响亮、句式短小整齐,言简意赅,特别适合朗诵外,结构严谨也是突出特点。

该诗只有三个自然段。首段写睁着眼,病毒!闭上眼,还是病毒!当你读到"我要窒息,无法逃离"时,我听到你三声痛苦的喘息,真乃神来之笔,形象地展示出恐惧,无助,无奈,无法逃离的极度压抑,真是入木三分!

第二段为主体段落,作者给出了逃离的有效方法:在跑步机上远征,士兵…让汗水浸湿衣衫,对白衣天使的敬重…让眼泪冲涮心灵,为病毒送终,这些都被你读得大气磅礴,引人思索。

尾段总结全诗,结尾升华:行动,第一选择。正气在身,瘟神也怕三分!"第一"、"正气"都加上了感情重音,更显昂扬有力!

淑敏,综观你近期朗诵实践,发现你肯用功,肯琢磨,有处理,有想法,有特点。而这,就是成长!

为淑敏点赞!

为九如辛苦!

袁晓静

本期朗读者袁晓静,是银色月光朗诵会首批会员,团队摄影师。说到袁晓静摄影,满满地都是难忘的记忆,那是银色月光也是蒙城第一次大型诗歌朗诵会,晓静为活动拍摄了大量图片,留住了一个个精彩的瞬间,整理完毕这些图片已近午夜,又将一份份美片发给与会的各位佳宾和诵友。可是,在编辑那里遇到了麻烦,由于一位朗读者换了服装,她们怎么也对不上号,一直忙到夜深,她俩才完美地完成任务,第一时间发到印厂,读者方能目睹如此众多的美女帅哥同框,激情诵读,神采飞扬。有人以为摄影并无什么学问,以为摄影就是那么咔嚓一下子,这纯属偏见与无知,请君切莫小看了那咔嚓一下子,那最后的一剪子,那可是摄影师一辈子艺术的升华,知识的积绽,生活的提炼!你看晓静的作品,景物美不胜收,人物栩栩如生,肖像话灵活现,为自己营造起一条五光十色的艺术画廊。

艺术是相通的,袁晓静多才多艺,兴趣广泛,博采众长。作为一名旗袍美女,你可以在丁台上见到她靓丽的身影，她还多次担任合唱的报幕，在合唱团和舞蹈队行列里你也能看到她精彩的演出，所有这些艺术的实践都有效地提升了一个人的总体素质，因为气质和风度那是装不像也学不来的。

　　有的朗读者读了一辈子一都是千人一声，万人一面，晓静绝不属于这个行列，她塑造的人物一个是一个，作品一篇是一篇，在长篇小说连播《黑色的花朵》中，晓静主播的一章朱虹没有几句话，而全都由作者进行叙述，（这也是该章的败笔），但晓静的一句"我想你"，后来的一句"我恨你"，却将一位痴情少女的情感世界展示得淋漓尽至，晓静（朱虹）还对张天亮的母亲叫了一声"妈"，把老人家感动得一塌胡涂。在散文连播《蒙城的冬天》中，晓静不但展现出蒙城的冬天是一首诗，一支歌，一幅画，很不幸还是一种生活的无奈。她讴歌高山滑雪场的激情澎湃，也抨击冰球比赛中不该发生的故事，在晓静的诵读中，蒙城的冬天是多彩多姿的，多层次多侧面的。而在著名作家陆蔚青的《突围》中，晓静绘声绘色地叙述了一场牌局中，红桃Q如何在绝境中成功突围，临了还顺手带出一颗草花3，其作者与朗读者的睿智幽默，至今令我难以忘怀。今天晓静奉献给我们的《你飞奔的样子真美》是一个真实的故事，如果按网友们的说法是女医生人美心也美，那么晓静的朗读应该是声音美情感更美。一起来听听？

　　一直以来，我每次都请朗读者喝杯茶，直到昨天有诵友指出那不是茶而是咖啡。那好吧，晓静，那就请喝杯咖啡！

　　你兴趣广泛，多才多艺，你是银色月光的歌者、舞者、

蒙特利尔的银色月光

朗诵者、摄影师、主持人、旗袍佳丽,生活因你而多彩,文艺百花园因你而绚丽!

你很会选诗,紫云的这首《在路上》,由"关门"的艺术形象引申和升华为"在路上"的主题。门关了,是为了上路,也是为了众人可以上路,而弄不计较自己未来是否还能上路,而只是为了一种担当。悲壮,深刻,发人深省!

你很会读诗,你知道朗诵作为语言艺术有着自己的艺术规律与表达特征,你知道朗读也必须有自身的布局与节奏,你更知道一首诗作不能一马平川地一口气读到底。原作有四小段,你把它们划分为两大段(意义段),中间运用了一个长停顿,从而形成朗诵学上的阶梯式结构,使前后两大部分之间有对比,有变化,有发展,有起伏,有高潮,从而使诗作以及诗作的诵读成为一首逆行者的壮丽颂歌!

袁晓静,我们为你点赞!

紫云,向你道一声辛苦了!

张立红

张立红与我的首次合作，是在华商会艺术团的文艺晚会上，之前我曾接到立红的邮件，说她与另外两位诵友准备了一首朗诵诗，是匈牙利爱国诗人裴多菲的《我愿是激流》，希望我能给予指导，邮件言辞恳切，语句真诚，使你拒绝不得，特别是作为年轻人热爱朗诵这一高雅艺术，理应鼎力相助。于是，经过细致有序的案头工作，了解作品，作者，时代背景，作品风格后，又进入了反复的排练，台词，结构，舞台调度，初排，连排，彩排，最后信心满满，参加演出。她们勤奋好学，悟性极高，舞台上服装优雅，仪态端庄，青春靓丽，一举收获了惊喜，赞叹与掌声。

张立红的朗诵从此一发而不可收，不久她遇上了散文连播《红灯区的脱衣舞厅》，她居然艺高人胆大，选择了连播的开篇之作《跟儿子儿媳住在一起》，之后又陆续朗读了《十月献辞》，《校长的电话》，《出门》等作品，真是芝麻开花节节高，越读越好。有人盛赞银色月光是朗诵的黄埔军校，此话虽然有些夸张，但也不无道理，包括张立红在内的太多诵友的茁壮成长便很能说明问题。也是，一分汗水一分收获，立红常常发邮件打电话与作者交流探讨，常常在排练之后不顾天黑风大雪狂，与作者就作品的表达形式各抒己见。在今天的《一篇写在灯光下的日记》中，她为了一个字而重录了一遍！

四川诗人袁厚华的《出门》，是一首十分难得的朗诵诗。你看，诗作语言通俗易懂，朗朗上口，结构严谨，容量适中，首段提出问题，再用一个排比段落（四个小段）回答，从而形成对应，各段之间字数大致相同，每段二、三两行运用了对偶的修辞方法，便于记忆，朗读和流传。作品还采用了第一人称的叙述方法，这就给立红提供了表达的方便，使其可以直抒胸臆，使作品中的"我"仿佛在与四川同胞，武汉同胞，全中国十三亿同胞敞开心扉，侃侃而谈。在这里，我听得出立红动了真感情，听得出思绪的大潮，情感的涌动，她完全与作品中的"我"融为一体，并对诗作的情感链条进行了阶梯式处理，通过重音的处理强调了"我必须出门"，"把自己赶紧栽进去"，不然"春天就老了"，而尾段尾句重音的使用，又给全篇画上了一个圆满的句号。

张玲玲

　　一年前的今天,银色月光举办了一场英才学院师生作品专题朗诵会,请了五位朗诵新秀参加演出。那天,上帝却把我弄到圣母医院躺了半年,终于没能欣赏新秀们的表演。事后,诵友们对我说,哇噻,她们哪里是什么新秀,一个个棒着哩!这几位朗诵新秀中,有一位便是张玲玲。

　　中国有太多的离别诗,世界有太多的离别诗,从陈克正的《再见吧,妈妈》,到南斯拉夫的《啊,朋友再见》,再到苏联西蒙诺夫的《等着我》……而咱们这首《孩子,不哭》,却真地写出新意,独树一帜,与众不同。

　　作品只有三节,十五个诗行,真是节约到了家!不要以为短诗好读,恰恰相反,越短越难,这对张玲玲来说无疑是个巨大的考验!

　　张玲玲从特定的时代背景与人物关系入手,确定了诵读的风格与基调:壮而不悲,忧而不伤。

　　请听第一节,短短四行,却交待了三个细节(写血书,决心书,打行李),故事发生的时间(除夕之夜),以及人

蒙特利尔的银色月光

物的行为(去武汉),在此处玲玲读出了画面感,人物行为历历在目,清晰可见。第二节属于过渡段,只有一句话两个动作。而第三节则是独特的母女对话,一咏三叹,一问三答。

∵妈妈是医生,是军人,武汉人民需要我。

∴你要在家听爸爸话,听奶奶话。

还要:多吃雪耳,莲子,百合粥。

尾声:我听话,我听话,你早点回来,我听话!

短短的三节,十五个诗行,张玲玲却要通过声音化妆区分出母、女、叙述者三个人物,使其各具特征,泾渭分明,玲玲做到了!

艺术是相通的,玲玲的这幅美照一红一白,色彩分明,强烈对比,真好!

玲玲,为你点赞!

蔡敏芳

全诗没有一句标语口号,有的只是深层次地、含而不露地、不动声色的情感表达,寓作品的主旨于写景状物之中,以间接描写与丰富的细节,替代直接的议论与抒情。

蔡敏芳极好地理解与把握了作品的风格,她选择了平静而自然的对景物的描写和叙述,节奏徐缓,语调真挚,为听众呈现出一个个摇拍的长镜头,而尾段的尾句"请为武汉挂一盏灯"的"灯"字,蔡敏芳加上了逻辑重音,从而把全诗定格在"灯"这个特写镜头上,诠释了作者、读者、朗诵者企盼多难兴邦,岁月静好,社会详和的内心独白。

为敏芳点赞!

《春天来了》是青年诗人飘尘永魂的一首优秀诗作,说起来我跟这首诗还真的有一段缘份。那是十年前的冬天,我移民到了蒙城,在一个飞雪的冬夜偶而读到本诗,从而知道了年轻的诗人和他的文友们,并在文友的举荐下

蒙特利尔的银色月光

走进了魁华作协,完成了从一名中国作家到海外华人作家的角色转换。

这首诗构思精巧,轻盈灵动,全诗只有三个自然段落,首段描绘出早春的意境:见不到一丝新芽儿的大街小道,一声久违的鸟叫。正是这声鸟叫,将读者唤进了第二个段落:透过冰雪飘浮的小岛,重压下的小草等意象的生动描摩,引发诗人由衷的感叹:春天真的来了,涌进你我的心潮!

《春天来了》是一首优秀的朗诵诗,完全符合朗诵诗的创作规律与艺术特征,它结构严谨,篇幅适中,语言精烁,通俗易懂,避开了生涩的,朦胧的,令人费解的字词句,令朗读者张得开口,读者听得懂。它韵脚整齐,属于鲁迅先生所言:押大致的韵,从而使诗作具有音乐美。朗诵诗难写,因为一首好诗不一定是一首好的朗诵诗,而一首好的朗诵诗却必定是一首好诗。

这首轻盈灵动的诗,必定需要一位轻盈灵动的朗读者。于是,蔡敏芳来了,敏芳是银色月光最年轻的诵友,平时不言不语不声不响,关键时刻冲得上去拿得下来,从《布鲁塞尔的小尿童》到《校长的电话》,都令人印象深刻。斯坦尼斯拉夫斯基要求演员表演时要真听,真看,真想,真做,敏芳正是听到了那声久违的鸟叫,看到了那清清的泉水,飘浮的小岛,重压下的小草……轻盈地,亲切地,不动声色地将眼中的视象传递给我们,进而迸发出激情的呼唤:春天真地来了,伴着春风细雨,涌进你我的心潮!

飘尘,敏芳!

车培君

节奏舒展,轻轻道来,集写景、状物、抒情于一首十行的短诗,很好地揭示了诗人的心绪。为你点赞,培君!

就诗歌狭义的功能而言一般可以分为两类,一是供阅读的,一是供合歌入乐或诵读的,前者属视觉艺术,后者属听觉艺术。作者显然是按前者成诗的,她压根儿没有想到,在大洋彼岸有一群播友,把她的文字变成了声音!

年轻的诗人写了一首年轻的诗,"乌蒙山仿佛犯了错儿","我们用眼神传逸温暖",写得很有灵气。

一般来说,选择朗诵诗应考虑长度。太长容易吓跑听众累垮朗读者,太短听众刚被你带进诗的意境中,来不及形成高潮便匆匆落幕。这使我想起年轻时我的朗诵老师聂抒杰先生的名言:作品选对了,朗诵便成功了一半。

郝金玉

《托起你的相托》是紫云老师献给逆行者的一首抗疫诗作,作品以昂扬的笔触与饱满的激情,讴歌了白衣天使以命救命,奋勇担当的大爱情怀,揭示了同胞情深,守望相助,共克时艰的爱心主题。诗作的首段别开生面,第一个诗行便是一长串惊心动魄的数字:2月14日,1716!仅仅在这一天,便有1716位白衣天使除疫染疫,而这正是为了生命的相托。第二段说,一双眼睛走进另一双眼睛,以生命相托,也托起生命。接着写逆行者的生命历程,从汶川到方舱。接下来写得真,封城封楼封住了脚步……婵娟却从头顶游过……门外在生活!尾段以昨天,今天,明天作结,结尾点题,首尾照应,结构严谨,前后一致。

本期美女主播郝金玉,以对作品的深刻理解和深沉的诗情完成了作品的朗读。郝金玉的朗读豪迈大气,激情满怀,银铃般的声音悠长悦耳,直抵听者心田。仿佛紫云老师这首昂扬豪迈的诗作,正需要金玉这样豪迈昂扬的诵者!

希腊大教育家夸美纽斯说,世界上再没有比教师更神圣的职业了。郝金玉几十年如一日,一生只在一所学校从事着教书育人工作,曾荣获中央教科所全国优秀教研员称号。她一生只有一种爱好,那便是放声歌唱。金玉曾任华商会艺术团声乐教师,本人有幸成为她的学员,听到过她的吟唱,多想战胜疫情天下太平后,能再次聆听她的山西民歌和陕北民歌,并由金玉作向导,一众诵友畅游古都西安,先吃油泼面,再访兵马俑,尔后跟随大帅哥胡新直抵大武汉,先吃热干面,再听音乐瑰宝编钟。

向紫云老师敬茶!
向金玉献花!

朱九如

诗人朱九如是一座桥,她把来自海内外的诗作者和蒙城的朗读者连接起来,在此国难当头之际,发挥文艺的认识功能、教育功能、审美功能,表达中华儿女对英雄城市武汉无尽的关切与思念,对所有逆行者、志愿者以及坚守在围城里的人们表达崇高的敬意及热情的讴歌。这是一种行动,一种力量,也是一种态度,连日来社会上对本专辑的肯定与点赞,便充分地印证了这一点。

明天,当我们欣赏了美女主播王燕的深情诵读后,本专辑将完美收官。感谢诗人九如,主编鱼燕,以及所有主播们的辛劳与付出,这次难忘的艺术劳动将久远地定格在我们心中。

后记

当我收到加拿大红枫出版社总编陶志健博士发来的书稿大样，心中的幸福感油然而生。书稿有幸为博士错爱，精心策划，用心编辑，始能完美地呈现在广大读者面前。谢谢加拿大红枫出版社，谢谢陶志健博士！

感谢《七天》周报社长尹玲女士，《共生国际传媒》总编胡宪女士，加拿大英才学院校长赵振家先生，三佳国际教育学院校长安平女士，银色月光朗诵会走到今天，离不开各位的鼎力支持，从演出策划到刊发诗作，从提供场地到媒体宣传，一路有你，真好！

感谢银色月光朗诵会的朋友们，你们是激情飞扬的文化志愿者，是追梦旅途中的同路人，你们以艰辛的艺术劳作打造经典，既娱乐了大众，也陶醉了自己，为发展朗诵艺术奉献青春。

疫情暴发那年，我一个跟头把自己跌进了圣母医院的急救室，与死神打了个照面。在康复中心，银色月光的朋友们组成护理团队，轮番陪护，推我去餐厅用餐，扶我练习走路，充当英语法语翻译与医生交流，鼓励我树立信心战胜病魔……啊，银色月光朗诵会的朋友们，你们就是一轮轮银色的圆月，永永远远地温暖着我的心房！

后记

女声三重唱，左起
张立红
窗外
袁晓静

著名作家陆蔚青诗歌朗诵会部分演职人员，左起周丽，袁晓静，庞淑敏，鱼燕，滕新华，陆蔚青，周敬范，窗外

蒙特利尔的银色月光

银色月光朗诵会部分成员合影,左起袁晓静,王燕,庞淑敏,蒙特小微,周丽,窗外,鱼燕

银色月光朗诵会部分成员合影,前排左起端坐者,鱼燕,周丽,袁晓静;后排站立者左起蒙特小微,王燕,庞淑敏,窗外

www.ingramcontent.com/pod-product-compliance
Lightning Source LLC
Chambersburg PA
CBHW070429010526
44118CB00014B/1965